宮津
舞鶴湾
小浜湾
小浜線
小浜
東舞鶴
西舞鶴
京都府
兵庫県
湖西線
山陰本線
園部
鞍馬
八瀬遊園
比叡山
坂本
東海道
聖護院門跡
32
亀岡
嵐山
山科
大津
草津
京都
石山寺
阪急京都線
33
醍醐寺
谷川
篠山口
福知山線
加古川線
西脇市
三田
日生中央
妙見口
本山寺
31
神峯山寺
30
長岡京
近鉄京都線
宇治
京阪本線
栗生
清荒神
清澄寺
28
能勢電鉄
箕面
高槻
北千里
有馬温泉
宝塚
六甲山
茨木
枚方市
片町線
京田辺
奈良線
三木
神戸電鉄
伊丹
豊中
阪急宝塚線
私市
千手寺
霊山寺
摩耶山
阪急神戸線
門真市
新神戸
阪神本線
西宮
尼崎
新大阪
十三
大阪
興法寺
寶山寺
木津
大和西大寺
生駒
山陽電鉄
三ノ宮
20
19
17
13
奈良
須磨寺
ポートライナー
六甲ライナー
淀川
難波
天龍院
18
16
千光寺
29
明石
須磨
桜島
近鉄奈良線
14
松尾寺
明石海峡
天王寺
法樂寺
27
15
朝護孫子寺
信貴山口
王寺
関西本線
天理
柏原
桜井線
堺
大阪府
藤井寺
近鉄大阪
中百舌鳥
高田
阪和線
室
大阪湾
富田林
畝傍
桜井
泉大津
岸和田
21
弘川寺
9
吉祥草寺
1 金峯
関西空港
和泉府中
和泉中央
御所
2 東南
貝塚
河内長野
22
菅生寺
24
観心寺
23
3 大日
松尾寺
金剛山
転法輪寺
10
4 喜蔵
水間観音
南海高野線
日根野
南海本線
5 善福
25
七宝瀧寺
吉野
吉野山
6 櫻本
多奈川
五条
友ヶ島
加太
和歌山線
7 竹林
橋本
26
根來寺
8 如意
35
山上ヶ岳
36
龍泉寺
大峯山
和歌山
極楽橋
和歌山港
貴志
高野山
和歌山県
奈良県
海南

役行者霊蹟札所めぐり

目次

ごあいさつ

役行者霊蹟札所会は修験道の開祖・役行者神変大菩薩に関わる、役行者信仰を顕彰する唯一無二の霊場会です。

霊場会といわれるものには西国三十三所札所会や四国八十八ヶ所霊場会をはじめ千年を越える長い由緒を持つものもありますが、近畿三十六不動尊霊場会や西国四十九薬師霊場会、神仏霊場会のように、昭和や平成の時代に生まれた新しい巡礼の道もたくさんあります。当札所会も平成十二年にお迎えした役行者一千三百年大遠忌を機縁に生まれた、近畿一円に展開する役行者由縁の三十六ヶ所からなる新規の霊場会です。

そもそも役行者信仰は修験道の根本道場・大峯山と葛城山を中心に、全国各地に大きな広がりがありました。ところが、周知のごとく明治の神仏分離・廃仏毀釈の時代に、役行者信仰や修験道そのものが否定された「修験道廃止令」（明治五年施行）の発布によって、未曾有の法難に遭い、全国に展開した役行者信仰のほとんどが消滅の危機に瀕し、往年の姿を変えることとなりました。いまの時代にその信仰が残っていること自体が、日本史の奇蹟ともいえるほどの出来事だったのです。

その役行者霊蹟札所会が令和の御代を迎え、生まれ変わることになりました。修験三本山の金峯山寺・聖護院・醍醐寺や大峯山寺、七宝瀧寺など三十二の修験道古刹の寺院に加え、新たに紀州（和歌山）の根來寺、摂津（大阪・兵庫）の本山寺、清荒神清澄寺、須磨寺の四ヶ寺が加わったのです。

ぜひ、当ガイドブックを先達として、役行者ゆかりのお寺や霊山を巡られ、その威徳にふれるとともに、大自然を道場とした山岳抖擻の実践行と心身がリフレッシュされるご利益を共有していただければと念ずる次第です。

令和元年九月七日

役行者霊蹟札所会

役行者霊蹟札所案内

役行者霊蹟札所には札所番号はありません。本書で付している丸付き数字は、地図やめぐり方を見るさいの目安となるものです。各寺院冒頭の帯の色は府県別に分かれています。

奈良県　大阪府　和歌山県　兵庫県　京都府　滋賀県

① 国軸山《こくじくさん》 金峯山寺《きんぷせんじ》

通称＝蔵王堂

奈良県吉野郡吉野町吉野山2498 〒639-3115

☎0746・32・8371 ホームページ：http://www.kinpusen.or.jp/

地図P156

「春といへば誰も吉野の花をおもふ心にふかきゆゑやあるらむ」と西行が詠んだように、春の吉野には抗しがたい魅力がある。日本屈指の桜の名所としてにぎわうこの地には、役行者ゆかりの寺社がいくつも点在している。

吉野が桜の名所となったのも、役行者が自ら感得した蔵王権現の尊像を桜の木に刻み、山上ヶ岳（大峯山寺本堂＝山上蔵王堂）と吉野山（金峯山寺本堂＝山下蔵王堂）に祀ったことに由来する。桜はやがて御神木として尊ばれるようになり、金峯山寺参詣者による献木が続けられ、山肌は桜で埋めつくされていった。今日の吉野の佳景の原点は、役行者にあるのだ。

とはいえ、春の吉野は桜に負けないほど人の数も多い。春は花見を楽しむことに徹し、役行者霊蹟札所巡拝は、桜紅葉《さくらもみじ》の美しい秋など、他の季節に心静かに行うのも一興だ。

花見シーズンに吉野を訪ねるなら、公共交通機関を利用しよう。2019年春に運転再開となった日本最古のロープウェイ、吉野山ロープウェイの吉野山駅からの道は、しだいに急な登

上千本から遠望する蔵王堂

り坂となり、金峯山寺の総門たる黒門を経て銅《かね》の鳥居に至る。銅の鳥居は山上ヶ岳へと続く4つの門の最初の門にあたり、発心門と呼ばれる。ちなみに、金峯山とは吉野から山上ヶ岳南の小篠宿《おざさのしゅく》へと連なる山塊の総称で、世界遺産「大峯奥駈道」の一部となっている。

土産物店や旅館が並ぶ参道を進むと、前方に蔵王堂（本堂）の桧皮葺の大屋根が遠望される。仁王門をくぐり本堂正面に回って見上げると、その大きさに圧倒される。東大寺大仏殿に次ぐ木造大建築で、高さ34m、四方36mにもおよぶ。

重層入母屋造りの荘厳な堂内には3体の巨大な金剛蔵王権現立像が秘仏として祀られている。釈迦如来、千手観音、弥勒菩薩を本地仏とする三尊は、過去・現在・未来の三世に

金峯山寺蔵王堂

わたる衆生救済のため応現されたという。

金峯山寺創建は白鳳年間（7世紀後半）と伝わり、役行者による山下蔵王堂建立に始まるが、現在の蔵王堂は天正20年（1592）頃に再建されたもので、仁王門とともに国宝に指定されている。明治政府の修験道廃止令により金峯山寺は一時廃寺となったが、明治19年に天台宗寺院として復興。しかし、山上蔵王堂は大峯山寺として分離されてしまった。昭和23年には天台宗から独立し、金峯山修験本宗を立宗、その総本山として今に法灯を伝えている。

蔵王堂向かいに目を向けると「大塔宮御陣地」の石碑が立ち四本桜が枝を広げている。大塔宮護良親王が吉野落城前に最後の酒宴を開いた地と伝わる。

蔵王堂に向かって右手には観音堂、愛染堂、左手には威徳天満宮、神楽殿が並ぶ。天満宮の右手から石段を下れば、吉野皇居跡に八角三重塔の南朝妙法殿が立っている。さらに下ると前鬼・後鬼を従えた役行者像が鎮座し、像前からは脳天大神へと下る石段が続く。役行者像に手を合わせ、このあたりで引き返すとしよう。時間と体力がゆるせば脳天大神へと下ってもよい。

石段上から南朝妙法殿を望む

◉宗派　金峯山修験本宗
◉本尊　金剛蔵王大権現
◉創建　白鳳時代　◉開基　役行者
◉主な行事　1月1日〜3日：修正会　2月3日：節分会　4月10日〜12日：花供会式　4月18日：観音堂大祭　6月7日：高祖会　7月2日：半夏生　7月7日：蓮華会　7月7日〜9日：蓮華入峯　11月27日：愛染堂大祭　12月14日〜16日：仏名会
◉拝観料　蔵王堂500円（御開帳期間は別料金）
◉御朱印受付　8時30分〜16時30分

② 大峯山《おおみねさん》 東南院《とうなんいん》

奈良県吉野郡吉野町吉野山2416　〒639-3115
☎0746・32・3005

地図P156

金峯山寺蔵王堂から東南へ5分ほど歩けば、その名も東南院にたどり着く。古くから信仰を集める霊山霊地には、東南院、東南寺といった名称の寺院がよく見られる。これは霊場の中心となる大伽藍を建立するにあたり、その地を守護する小堂を巽（東南）の方角に配置する慣わしがあったためだという。東南院は蔵王堂建立にさいし設けられた一宇であったと伝えられている。

薬医門様式の山門には「大峯山護持院」の額が掛かる。大峯山護持院とは、山上ヶ岳の大峯山寺を維持管理している寺院のことで、吉野の東南院、喜蔵院、櫻本坊、竹林院、洞川の龍泉寺の5つの寺院からなる。山門前の石標には「東南院」の院号とともに「神変秘法祈願道場」の文字が刻まれており、役行者ゆかりの修験の寺らしいたたずまいである。

門をくぐった正面の護摩堂には朱の額が掛かり、「役行者」の金文字が少しかすれていい味わいを醸している。堂内には本尊の役行者が祀られている。

東南院山門

右手の多宝塔は江戸初期の建物で、昭和12年に和歌山県海南市の野上八幡から移築されたもの。塔内には藤原様の特色をそなえる平安後期の木像大日如来坐像が祀られ、内陣の柱が珍しい八角柱であることが注目される。塔のそばには多宝桜と呼ばれる枝垂れ桜があり、花の季節には多宝塔を荘厳するように枝を延ばす。

東南院は宿坊としても知られており、寛治6年（1092）には白河上皇が金峯山参詣のさいに宿坊とされている。松尾芭蕉も訪れており、『野ざらし紀行』にある「砧打《きぬたうち》て我にきかせよや坊が妻」の句は東南院で詠まれたものと考えられている。前書きには「ある坊に一夜をかりて」とある。現在では、宿坊に一般の方の宿泊は受け付けておらず、信者

役行者を祀る護摩堂

の方のみとなっている。
また、普覚行者とともに御嶽山中興の二大行者として知られる覚明行者は、当院にて入門・修行されている。大峯のみならず、日本の山岳信仰に大いに寄与してきた歴史を有する寺院である。

◉宗派　金峯山修験本宗　◉本尊　役行者
◉創建　白鳳時代　◉開基　役行者
◉主な行事　1月1日：初護摩　2月立春の前日：節分会　2月第3日曜日：多宝塔春季大祭　6月第3日曜日：多宝塔夏季大祭　7月中旬：大峯奥駈修行　11月第2日曜日：役行者報恩謝徳大護摩供
◉拝観料　無料
◉御朱印受付　9時〜16時

-多宝塔

献燈

③ 日雄山《ひのうざん》 大日寺《だいにちじ》

奈良県吉野郡吉野町吉野山2357　〒639-3115

☎0746・32・4354

案内板に従って石段を下る

大日寺は、旅館や土産物店が並ぶにぎやかな通りから少し外れたところに位置する。勝手神社の手前で右の道に入ると、すぐに大日寺の案内板があり、道標に従って石段を下る。右手に庚申さんの小堂があり、奥に進むと大日寺の山門が見える。

門をくぐると、正面に宝形造りの本堂、左手には庫裏が立つ。本堂前には柴燈護摩を修行する道場が設けられている。現在の本堂は江戸時代、宝永年間（1704〜1711）に建立されている。

地図P156

大日寺山門

本尊は五智如来尊像五体である。そのため、大日寺は「五智さん」と呼び親しまれている。五智如来とは金剛界曼荼羅の中心に位置する金剛界五仏のことで、大日如来を中心に、東方の阿閦如来、南方の宝生如来、西方の無量寿如来、北方の不空成就如来が四方を囲む。平安時代藤原期の五智如来像が5体とも完全な姿で現存しているのは全国的にも稀少であるとされ、国の重要文化財に指定されている。

五智如来の向かって右手には弘法大師、左手には不動明王と役行者が祀られている。

五智如来はかつて日雄寺の本尊であったと伝えられている。日雄寺は吉野に隠棲されていた大海人皇子（天武天皇）の日雄離宮ゆかりの古刹で、役行者の高弟・角乗により開かれたという。日雄寺は室町時代に焼失したが、

法形造りの本堂

五智如来は幸いにして難を逃れ、跡地近くに建立された大日寺に奉安されることとなった。

大日寺の門前、庚申さんの小堂手前で左に分かれる道は、かつて大峯山へと向かう修験者たちが歩いた道である。また、吉野山での戦いに破れた護良親王が高野山へと逃れた道でもある。

元弘の乱の最後の年、元弘3年（1333）、大塔宮護良親王は本陣を構えた蔵王堂前で最後の酒宴を開き、死を覚悟していた。ここで親王を説得し思いとどまらせたのが村上義光である。義光は親王の鎧をまとい、身代わりとなって戦い壮絶な最期をとげた。その子義隆は、親王を落ち延びさせるために途中しんがりを務めて奮闘し討ち死にしている。大日寺はその村上公父子の菩提寺でもある。

大日寺門前の庚申さん

義光公・義隆公顕彰のため、昭和14年、「荒城の月」の作詞で知られる詩人・土井晩翠直筆の扁額「村上公父子讃頌」が当寺に奉納されている。

大日寺石段前の車道、県道257号を1km ほど南に下ったところには、村上義隆の墓がある。

◉宗派　真言宗醍醐派
◉本尊　五智如来
◉創建　白鳳時代
◉開基　日雄角乗
◉主な行事　旧暦1月15日：弘法大師の病気封じ祈祷「胃癪の呪」　11月23日：柴燈大護摩供「火渡り」大祭
◉拝観料　本堂400円
◉御朱印受付　9時～17時

④ 護法山《ごほうざん》（大峯山《おおみねさん》）喜蔵院《きぞういん》

奈良県吉野郡吉野町吉野山1254　〒639－3115
☎0746・32・3014

地図P156

土産物屋の並ぶ吉野のメインストリートは、勝手神社の先で二手に分かれる。直進する左の道はバスが通る道で、途中で徒歩専用道にそれると如意輪寺にも行ける。右の急な登り坂は「宮坂」と呼ばれる道で、喜蔵院、善福寺、櫻本坊、竹林院へと通じている。分岐には昔なつかしい赤い郵便ポストがあり、「後醍醐天皇陵」石碑や「右大峰山上道」と刻まれた石道標が立っている。

一汗かいて宮坂を登り詰めると、左手に喜蔵院の山門と築地塀が見える。山門手前には山上講関連の記念碑などが立ち、門前には「宿坊喜藏院」と刻まれた石碑が立つ。宿坊は、季節にもよるが、事前に連絡すれば一般の方でも宿泊可能。以前はユースホステルも併設されていた。

喜蔵院は、吉野の東南院、櫻本坊、竹林院、洞川の龍泉寺とともに大峯山護持院に名を連ねており、一般の方も参加可能な大峯奥駈修行が主催されている。護持院はそれぞれ山上ヶ岳に宿坊を有しており、喜蔵院の宿坊は大峯山寺本堂から少し下ったいちばん近くに位置している。

喜蔵院山門

山門をくぐると、庫裏の唐破風のそばの庭石に熊沢蕃山の歌が刻まれている。蕃山は江戸初期の陽明学者で、寛文7年（1667）に吉野山に隠棲していたことがあるが、それが当院であるという。

境内を奥へと進むと、正面に入母屋造りの本堂が立ち、前鬼・後鬼を従えた役行者が本尊に祀られている。軒下には迫力のあるさまざまな奉納額が掛かり、修験の寺らしい雰囲気を醸しだしている。

本堂向かって右手には、赤い鳥居が鮮やかな寿稲荷大明神や、牛頭天王、大峯龍神の小祠が鎮座する。寿稲荷大明神は火難除け、健康、延命に効験ありと信仰を集めており、12月の第1日曜日に寿稲荷大明神大祭が催され、山伏行列や大護摩供が行われる。

軒下にずらりと奉納額が掛かる本堂

本堂向かって左手には納経所があり、不在時用に墨書された御朱印紙がケースに保管されている。

喜蔵院の創建は承和年間(834〜848)、智証大師円珍によるものと伝わる。円珍は比叡山で出家し、後には唐に渡って密教を学び天台座主にもなっている。承和12年(845)には役行者の足跡を慕い、葛城や大峯を訪れており、当院はその時期に金峯山寺の塔頭として建立されたと考えられている。

喜蔵院は現在も、聖護院を総本山とする天台系の本山修験宗に属しており、聖護院の宮が大峯修行に入られるときは当院住職が先達を勤める。江戸期の聖護院門跡の貴重な入峯資料も伝わっており、本山修験宗の別格本山として重要な役割を果たしている。

寿稲荷大明神

この寺にはまた、江戸期の女流画家・三熊《みくま》露香《ろこう》が寛政8年（1796）に描いた36品種の桜の絹表具「桜の譜」が残されている。桜花だけを描くことを生業とした三熊派の絵は、吉野の寺にあってこそその輝きを増す。

◉宗派　本山修験宗　◉本尊　役行者
◉創建　承和年間　◉開基　智証大師円珍
◉主な行事　1月1日〜3日：修正会　2月3日〜10日：星祭り節分会　7月：大峯奥駈　10月第3日曜日：秋の笙の窟探勝会　12月第1日曜日：寿稲荷ならびに本尊諸尊報恩大祭
◉拝観料　無料
◉御朱印受付　9時〜16時30分（不在時用の御朱印紙あり）

⑤ 井光山《いこうさん》　善福寺《ぜんぷくじ》

奈良県吉野郡吉野町吉野山2291　〒639-3115
☎0746・32・3747

地図P156

宮坂を登り詰めて喜蔵院を過ぎ、櫻本坊の手前で右の道に折れると、井光山善福寺にたどり着く。

山号の井光山は、この地の国神であり吉野首《おびと》の始祖となった井光《いひか》に由来する。井光は『古事記』や『日本書紀』にも登場し、神武天皇が八咫烏の先導で熊野から吉野へ入ると、光る井のなかから尾のある人が現れ、名を問うと井光（井氷鹿）と答えたという。井光（井氷鹿）は山岸涼子の『妖精王』にも印象的なキャラクターとして登場する。

奈良県川上村の井光《いかり》神社のように、井光は「いかり」とも読む。伊加里姫との関連などから井光が女性ではないかと推測する方もいる。また、丹生や水銀とのつながりも空想され古代ロマンに満ちている。実際に、井光への興味から善福寺を訪れる人もいるそうだ。

山門をくぐると、向かいには「寿六アン（アンは梵字）」と刻まれた木板が掛かる庫裏があり、「井光の郷」とも書かれている。こぢんまりとした境内は枝垂れ桜や鉢植えの花に彩られ、貴

善福寺本堂

久姫龍女や北向大青面金剛夜叉明王の小祠が並び、左手には入母屋造りの本堂が立つ。

当寺の本堂は、同じ吉野山にあって明治25年に廃寺となった安禅寺宝塔院の護摩堂を移築したものと伝わる。安禅寺跡地は吉野から山上ヶ岳へと向かう大峯奥駈道沿いにあり、奥千本の西行庵から金峯神社へもどる途中に位置する。

安禅寺はかつて金峯山寺の奥之院的存在であった。本尊の蔵王権現立像は現在、金峯山寺蔵王堂に客仏として安置されている。

善福寺本堂には中央に本尊薬師如来が奉安され、その左手には不動明王、役行者、右手には蔵王権現と本地仏の観音さま、弘法大師が祀られている。

善福寺あたりは井光の住居跡であったとの

庫裏

伝承もあり、寺の裏手には井光出現地と伝わる井戸跡が残されている。本堂前の庫裏とのあいだを右手に入り、竹の茂る土道を下った杉木立のなかに「井光井戸（井氷鹿出現伝承地）」の碑が立っている。

当寺は役行者による創建で、弘法大師空海が唐に渡る以前に大峯山で修行中この地で休息されたとの伝承がある。かつては弘法大師が休まれた腰掛け岩や衣懸け松があったが失われてしまった。

古い時代の詳細な寺伝は残されていないが、江戸時代には現在の櫻本坊の地にあったと古文書に記されている。もともと真言宗寺院であったが、昭和23年の金峯山修験本宗立宗にさいして金峯山寺の末寺となる。その後、平成9年に高野山真言宗に復帰している。

井光出現地の井戸跡

アットホームな雰囲気の漂う親しみやすい寺院である。

◉宗派　高野山真言宗
◉本尊　薬師瑠璃光如来
◉創建　白鳳時代
◉開基　役行者
◉主な行事　1月1日〜3日：修正会　1月8日：初薬師　2月3日：節分会　3月春分の日：お彼岸　4月8日：花まつり（数珠繰り法会）　8月8日：施餓鬼　8月15日：精霊送り火　9月秋分の日：お彼岸
◉拝観料　無料
◉御朱印受付　8時〜17時（不在時用の御朱印紙あり）

⑥ 井光山《いこうさん》（大峯山《おおみねさん》）櫻本坊《さくらもとぼう》

奈良県吉野郡吉野町吉野山1269　〒639-3115
☎0746・32・5011　ホームページ：https://sakuramotobou.or.jp/

地図P156

大峯山護持院の一つに数えられ、山上ヶ岳に宿坊を有する櫻本坊は、かつて当山派の十二正大先達に名を連ねた修験の名刹だ。日本屈指の桜の名所である吉野にふさわしく、その名に「櫻」を冠したこの寺は、桜とのゆかりも深い。

吉野は大海人皇子《おおあまのおうじ》（天武天皇）隠棲の地でもある。櫻本坊創建に関しては、天武天皇にちなんだ次のような縁起が伝えられている。

天智天皇10年（671）、政争から逃れて出家し、吉野離宮日雄殿で修行の日々を送る大海人皇子は、ある冬の夜に吉野山に満開の桜が咲く夢を見た。翌朝目覚めると、前方の山の一本の桜が花を咲かせており、大海人皇子は角乗に夢判断を命じる。角乗は吉野首《おびと》の井光《いひか》の末裔で、役行者の高弟であった。桜は日本の花の王であることから、角乗は皇子が天皇の位につく吉兆であると答えた。角乗のことば通り、大海人皇子は翌年、壬申の乱に勝利し天皇に即位することとなった。天武天皇は「夢見の桜」のもとに一寺を建立し、角乗を住職に招き櫻本坊と名づ

櫻本坊仁王門

けたという。

天武天皇の后である持統天皇も吉野との関わりが深い。櫻本坊を勅願所と定められ、31度も吉野へ行幸されている。

櫻本坊山門では色あざやかな朱色の仁王像が左右を守り、参拝者を迎えてくれる。門前の石碑には「天武天皇　持統天皇　勅願所」と刻まれた寺標が立ち、寺の由緒を伝えている。

門をくぐると、左手に本堂、聖天堂、大師堂が並び、聖天堂の背後には宝聚堂が立つ。正面奥に位置するのは納経所が付属する庫裏、その左手には大講堂が立つ。本堂は入母屋造り平入り、聖天堂は入母屋造り妻入り、大師堂は唐破風向拝のついた宝形造りだ。

本堂に祀られる神変大菩薩役行者椅像は19

櫻本坊本堂

蔵の等身大のお姿を写したものとされ、鎌倉期の作で国の重要文化財に指定されている。左右には蔵王大権現、不動明王も鎮座する。

聖天堂に祀られる吉野聖天尊は、役行者が大峯奥駈道の第37靡「聖天の森」に勧請した日本最古の聖天さまを、老若男女が拝することができるように櫻本坊に遷座されたものと伝えられている。

櫻本坊にはまた、修験関連の古文書や寺宝が数多く残されている。天武天皇念持仏の釈迦如来坐像（重文）も伝えられており、寺宝を集めた宝聚堂は見逃せない。

春の桜、秋の紅葉の季節には、ぜひ拝観していただきたいのが大講堂だ。勢いのある書や天井画に清められた静謐な空間から中千本の桜を間近に望むことができる。

桜の季節の大講堂からは中千本の絶景が望まれる

近年、アメリカのプリンストン大学が入手した資料の中から櫻本坊関連の貴重な古文書が発見された。この寺の埋もれた歴史が新たに発掘されるかもしれない。

◉宗派　金峯山修験本宗
◉本尊　神変大菩薩・金剛蔵王大権現・大日大聖不動明王
◉創建　天武天皇2年（673）
◉開基　天武天皇
◉主な行事　1月1日：修正会　2月3日：節分会　4月8日：花まつり　5月3日：大峯山戸開式　7月：大峯奥駈修行　8月24日：千体地蔵尊大祭　9月23日：大峯山戸閉式　10月1日：吉野聖天大祭　11月：天武天皇祭
◉拝観料　堂内500円（特別開帳800円）
御朱印受付　8時30分〜16時

⑦ 常楽山《じょうらくさん》（大峯山《おおみねさん》）竹林院《ちくりんいん》

奈良県吉野郡吉野町吉野山2142　〒639-3115
☎0746・32・8081　ホームページ：http://www.chikurin.co.jp/

竹林院は大峯山寺の護持院の一つに数えられ、古くから修験者の宿坊として栄えてきた。山上ヶ岳山頂には現在も宿坊を有するが、ここ吉野の宿は高級旅館のような趣だ。壮麗な伝統建築に滋味あふれる食事、くつろぎの露天風呂などを備え、昭和56年には昭和天皇皇后両陛下も宿泊されている。

西行、細川幽斎など多くの文人墨客も滞在し、ロビーには狩野元信筆「夏冬芭蕉」や、秀吉が吉野観桜時に使用した茶弁当（伝千利休考案）などが展示され、見事な襖絵や調度にも目を見

「竹林院」扁額

地図P156

護摩堂

張る。
竹林院の起源は聖徳太子創建の椿山寺であると伝えられている。椿山寺は、如意輪寺を創建した日蔵道賢上人が剃髪修行した寺でもある。南北朝時代の至徳2年（1385）には、後小松天皇の勅により竹林院と名を改めている。
23代院主の尊祐（石堂竹林坊如成）は戦国から江戸前期の弓術家で、弓道日置《へき》流竹林派の祖として知られている。小さな弓道場が設けられており、弓道修行者が訪ねてくることもあるようだ。
竹林院群芳園は、大和郡山市の慈光院庭園、葛城市の當麻寺中之坊香藕園とともに、大和三庭園に数えられる名園だ。千利休が作庭し細川幽斎が改修したと伝わる池泉回遊式の借

群芳園

景庭園で、四季折々の風情が楽しめる。太閤秀吉もこの地で花見を楽しんだという。

庭園に入るとすぐ正面に入母屋造りの護摩堂が立つ。「慈救殿」の扁額が掛かり、中央に本尊の不動明王、左右に役行者、蔵王権現が祀られ、南北朝時代の聖徳太子坐像も奉安されている。

護摩堂の右手から先へ進むと池があり、その畔には樹齢300年を超える枝垂れ桜「天人之桜」が優美に枝を揺らす。園路沿いのツツジやアセビの花も彩りをそえている。高台の展望所に登れば空が開け、吉野山の眺望をゆったりと堪能できる。

園内には西行や藤原雅経の歌碑も立つ。百人一首にも選ばれた雅経の「み吉野の山の秋風さ夜ふけて古郷さむく衣うつなり」の歌碑

高台から山門方面を見下ろす

もあるが、この歌は東南院で詠まれた芭蕉の句「砧打《きぬたうち》て我にきかせよや坊が妻」の本歌ではないかと考えられている。
優美な庭園をめぐり終え護摩堂まで下ると、堂のかたわらに大錫杖が立っているのに気づいた。案内板には「吾と思わん者はこの大錫杖を持ち上げてみよ」と記されており、修験の寺らしい凛とした雰囲気も垣間見られた。

◉宗派　単立（無所属）
◉本尊　不動明王
◉創建　推古天皇代
◉開基　聖徳太子
◉主な行事　12月：太子講・大護摩
◉拝観料　庭園400円
◉御朱印受付　8時～17時

⑧ 塔尾山《とうのおさん》　如意輪寺《にょいりんじ》

奈良県吉野郡吉野町吉野山1024　〒639-3115

☎0746・32・3008　ホームページ：http://www.nyoirinji.com/

地図P156

勝手神社の先で、櫻本坊や竹林院へと通じる宮坂を登らずに左の道を進むと、谷をはさんだ向かいに如意輪寺の宝物殿や報国殿、多宝塔が望まれる。花の季節は中千本の山桜に埋もれるような風景だ。

ささやきの小径側から石段を登り詰めて山門をくぐると、正面に寄棟造りの本堂如意輪堂が立つ。本堂右手には難切不動尊を祀る不動堂、左手には庫裏がある。

庫裏の右手には庭園入口があり、園内では後醍醐天皇御霊殿、権現堂、宝物殿、多宝塔などが拝観できる。観桜期は山桜が眼下に広がり、桜越しの絶景は見逃せない。秋には後醍醐天皇御霊殿が特別公開される。

如意輪寺の創建は、吉野の椿山寺（現在の竹林院）で剃髪修行した日蔵道賢上人によるものと伝えられている。後醍醐天皇が南朝の吉野行宮を定めたさいに勅願寺となり、延元4年（1339）に天皇が崩御されると、御遺骸は如意輪寺裏山に葬られることとなった。通常の御陵

如意輪寺遠望

は南向きに造営されるが、後醍醐天皇塔尾陵は遺言によって京都に向かって築かれており、「北面の御陵」と呼ばれている。

如意輪寺には後醍醐天皇の念持仏と伝わる厨子入木造蔵王権現立像（重文）も伝えられている。運慶の弟子として知られる源慶の手になるもので、鎌倉期の嘉禄２年（１２２６）作。蔵王権現の木像としては傑作と評価されている。また、９月27日の後醍醐天皇御忌には、普段は非公開の本堂特別拝観が行われ、秘仏如意輪観世音菩薩（後醍醐天皇念持仏）や、御霊殿に祀られる後醍醐天皇御自作の木造を拝することができる。

南朝ゆかりの寺にふさわしく、楠正行《まさつら》ゆかりの寺宝なども伝えられている。正行は四條畷の戦いにおもむく前に塔尾陵を参拝し、如

如意輪堂（本堂）

意輪堂の扉に一族郎党の名を記して鏃《やじり》で辞世を刻み、髻《もとどり》（遺髪）を奉納したという。

「かゑらじとかねておもへば梓弓なき数に入る名をぞとゞむる」の歌が刻まれた「楠正行公辞世之扉」は宝物殿に残されている。また、正行の髻を埋めた髻塚や、弁内侍《べんのないし》の黒髪を埋めた至情塚なども境内にある。

弁内侍は後村上天皇に仕えた女官で、高師《こうのもろ》直《なお》に襲われたところを正行に救われたのが縁でたがいに惹かれ合うようになった。正行の戦死を知って悲しみのあまり髪を下ろし、「大君へ仕えまつるも今日よりは心にそむる墨染の袖」と詠んで尼となったという。

南北朝統一の後は一時無住となり荒廃するが、江戸時代に文誉《ぶんよ》鉄牛《てつぎゅう》上人により再興され、真言宗から浄土宗に改められた。鉄牛上人は

役行者堂

俗名を長宗我部文親《ふみちか》といい、四国の戦国大名として名高い長宗我部元親の六男で、母親は楠正儀の末裔との伝承がある。

◉宗派　浄土宗
◉本尊　如意輪観世音菩薩
◉創建　延喜年間（901～923）
◉開基　日蔵道賢
◉主な行事　1月1日：修正会　3月22日：春の彼岸会　7月22日：施餓鬼会　9月22日：秋の彼岸会　9月27日：後醍醐天皇御忌　11月28日：難切不動尊大祭　12月31日：除夜の鐘
◉拝観料　庭園・宝物殿500円
◉御朱印受付　9時～16時

⑨ 茅原山《ちはらざん》　吉祥草寺《きっしょうそうじ》

奈良県御所市茅原279　〒639-2241
☎0745・62・3472　ホームページ：http://www.en-chan.com/

吉祥草寺は役行者御誕生所として名高い。寺の開創も役行者によるもので、鎮守の熊野神社本殿そばには産湯の井戸が残されている。

寺伝によると、役行者御誕生のとき「一童子現れ、自ら香精童子と称し、大峯の瀑水を汲みて役小角を灌浴す。その水、地に滴りて井戸となる」とある。小角の誕生時の泣き声は「人々を救うために天から遣わされて来たのだ」と言っているように聞こえたという。香精童子は大峯八大童子に数えられ、大峯奥駈道の深仙宿《じんせんのしゅく》にあって香精水を守護する童子である。

寺の西方には金剛山を主峰とする葛城山系が間近にそび

役行者産湯の井戸

地図 P 158

吉祥草寺山門

える。葛城山とは金剛山の古称であり、金剛山地から和泉山脈へと連なる山々の総称でもある。葛城山は若き日の役小角の修行の場であり、大峯山と並ぶ修験道の聖地として信仰を集めている。

葛城山系には役行者が法華経八巻二十八品を埋納したとされる経塚があり、葛城二十八宿と呼ばれている。役行者霊蹟札所に属する七宝瀧寺の犬鳴山、転法輪寺の金剛山にも経塚が残されている。

山門をくぐると、正面には五大明王を祀る本堂、手前左手には観音堂が立つ。右手には鎮守の熊野神社が鎮座し、本堂横を左に進めば御朱印受付の庫裏がある。平安時代、理源大師聖宝により再興された当寺は、南北朝時代の兵火で焼失している。現在の本堂は応永

吉祥草寺本堂

年間(1394~1428)に再建されたもの。

当寺には、顎ひげのない若き日の役行者椅像や、役行者母公坐像も伝えられている。以前は開山堂に祀られていたが、現在は本堂背後の写経道場に安置されている。

吉祥草寺という寺名は、役行者がこの地に草庵を結んださい、吉祥草を用いたことに由来するという。キチジョウソウはユリ科の多年草で、植栽する家に吉事があるとき開花するとの伝説があることからこの名がある。また、釈尊が悟りを開いた時に菩提樹の下に敷き詰めて結跏趺坐した草も吉祥草と呼ばれており、こちらは茅に似た植物だという。茅原という地名や草庵を結ぶのに使ったという謂れからすると、茅の一種であったと考えてもよいのかもしれない。

観音堂

当寺の年中行事である左義長（大とんど）は、無実の罪で伊豆に流されていた役行者が大宝元年（７０１）に許され、茅原に帰ったことを喜び祝って始められたものと伝わる。奈良県無形民俗文化財にも指定されており、大勢の参拝者でにぎわう。

◉宗派　本山修験宗
◉本尊　五大明王
◉創建　白鳳時代
◉開基　役行者
◉主な行事　1月14日：左義長（とんど）
2月3日：星祭り厄除け法要　5月7日：役行者報恩法要　11月第2日曜日：採燈大護摩供
◉拝観料　無料
◉御朱印受付　9時〜17時

⑩ 大師山《だいしざん》　菅生寺《すぎようじ》

奈良県吉野郡吉野町平尾150　〒639-3103

☎0746・32・4009

菅公（菅原道真）生誕地の伝承を有する菅生寺は、龍門寺の別院である龍華台院をその起源とする。

龍門寺は、奈良時代の名僧義淵《ぎえん》僧正が吉野の龍門岳南麓に創建した寺である。龍門岳は津風呂《つぶろ》湖の北方に位置し、日本三百名山にも数えられ、古くから神仙境として名高く、役行者もこの地で修行したと伝えられている。

義淵僧正は皇極天皇2年（643）に生まれており、龍門寺、龍蓋寺(岡寺)、龍福寺などを創建した法相宗の僧侶で、弟子に行基や良弁などがいる。舒明天皇6年（634）生まれの役行者とほぼ同時代を生きた人だ。

龍門寺はまた、久米仙人修行の地でもある。空中を飛行

菅生寺山門

地図P159

菅生寺本堂

中、川で洗濯する若い女性の脚に気をとられ、神通力を失って墜落したというユーモラスな話は「昔話」にもなって親しまれている。

　神話や伝説に彩られた時代から平安時代に入ると、清和上皇や宇多上皇、藤原道長らが訪れた記録も残る。宇多上皇参詣のおりには菅原道真もお供に加わっている。南北朝時代には、如意輪寺で触れた弁内侍の出家隠棲の地にもなっている。

　龍門寺の廃寺とともに当寺も衰退したが、天明2年（1782）、櫻本坊第51世快済法印がこの地に移り、私財を投じて復興に努め、文化5年（1808）に落慶法要が催された。

　昭和に入っても無住となり荒廃したが、戦後、北海道小樽で布教活動をしていた三條妙節尼が当地で宿泊のおり、夢枕に尼僧が立っ

天満宮小祠と菅公詩碑

て菅生寺の復興を請うた。妙節尼は昭和55年から復興に取りかかり、有縁の方々のさまざまな協力を得て境内が整えられることとなった。

山門をくぐると、右手に庫裏、正面奥に本堂が甍を並べている。本堂には御本尊の阿弥陀如来のほか、不動明王、弘法大師、役行者が祀られている。本堂前にはおたすけ大師の小堂が立つ。

庫裏には馬堀法眼喜孝画伯の手による歴代天皇御真影図（肖像画）が飾られている。馬堀画伯は1万円札の聖徳太子像を描いたことで有名。

左手は大きな建物がなく開けており、ぼけよけ地蔵尊や天満宮の小祠が並ぶ。天満宮そばには菅公詩碑が立ち、宇多上皇に供奉して

本堂裏の新四国八十八ヶ所

龍門寺を参詣したおりに詠んだ漢詩「遊龍門寺」が刻まれている。
　本堂背後には、石仏が並ぶ新四国八十八ヶ所が設けられており、明るい山道を楽しく歩ける。途中には義淵墓所と伝わる14世紀前半造立の五輪塔も残る。

◉宗派　高野山真言宗
◉本尊　阿弥陀如来
◉創建　奈良時代
◉開基　義淵
◉主な行事　2月3日：節分祭・星祭り　4月21日：春の弘法大師大祭　9月21日：秋の弘法大師大祭
◉拝観料　無料
◉御朱印受付　9時～17時

⑪ 楊柳山《ようりゅうさん》 大野寺《おおのじ》

奈良県宇陀市室生大野1680 〒633-0315
☎0745・92・2220

地図P160

大野寺は白鳳年間に役行者によって開かれたと伝わる古刹である。天長元年（824）、弘法大師空海が室生寺開創のおり、この地に一堂を建て弥勒菩薩を奉安し慈尊院弥勒寺と称したという。室生寺の「西の大門」と呼ばれ、今では地名を冠して大野寺として親しまれている。

宇陀川沿いの道から短い石段を登り山門をくぐると、右手に庫裏や本堂が並び、堂前には枝垂れ桜が枝を揺らしている。4月上旬頃になると、樹齢約300年の小糸枝垂れ桜や、樹齢100年ほどの紅枝垂れ桜が華やかに咲き競う。

宇陀市内には、大野寺の枝垂れ桜以外にも桜の名木が数多い。佛隆寺の千年桜、西光寺の枝垂れ桜、悟真寺の枝垂れ桜、戦国武将後藤又兵衛ゆかりの又兵衛桜、天益寺の枝垂れ桜など周辺の桜めぐりも楽しい。西光寺の枝垂れ桜は大野寺の桜の親木と伝えられており、城之山桜とも呼ばれている。

入母屋造りの本堂に祀られるのは、御本尊の秘仏弥勒菩薩立像。同じ堂内には開山の役行者

←大野寺対岸の弥勒磨崖仏

本堂と枝垂れ桜

や、鎌倉時代初期の作で国指定重要文化財の地蔵菩薩立像も奉安されている。
大野寺の地蔵菩薩は、永正年間（1504〜1521）に豪族の侍女が無実の罪を着せられ火あぶりの刑となったとき、身代わりとなって半身焼けられたとの伝説から、「身代わり焼け地蔵」と呼ばれている。
本堂向かいあたりに立つ小堂には「礼拝所」の額が掛かる。ここからは史跡大野寺石仏を正面から遥拝することができる。
対岸の岩壁に刻まれた弥勒磨崖仏は鎌倉時代初期の作。弥勒菩薩立像の線刻で、蓮座を含めた仏身の高さは11・5m、光背の凹みの総高13・8mと日本最大級を誇る貴重なものだ。弥勒菩薩像の足下左側には円形の種字曼荼羅も見える。

弥勒磨崖仏礼拝所

弥勒磨崖仏は、興福寺別当を務めた雅縁大僧正の発願により承元元年（1207）から造立が開始され翌年に完成、承元3年（1209）には開眼供養のため後鳥羽上皇が御幸されている。石工は宋から来日した伊行末の一派で、笠置寺の弥勒磨崖仏（光背の凹みのみ残る）を模したものと伝わる。

◉宗派　真言宗室生寺派
◉本尊　弥勒菩薩
◉創建　白鳳時代
◉開基　役行者
◉主な行事　春秋の彼岸回向　8月10日：施餓鬼会　8月23日：地蔵会式
◉拝観料　300円
◉御朱印受付　9時〜17時

⑫ 宀一山《べんいちさん》　室生寺《むろうじ》

通称＝女人高野

奈良県宇陀市室生78　〒633-0421
☎0745・93・2003　ホームページ：http://www.murouji.or.jp/

室生川の清流に南と西を囲われ、室生山の中腹まで境内地が広がる室生寺は、古代においては深山幽谷の仙境であった。役行者により開創され弘法大師空海により再興されたとの伝承も、古くから山林修行の霊場として行者を引きつけていた地であることを物語っている。

『続日本紀』によれば、宝亀8年（777）、山部親王（後の桓武天皇）の病気平癒を願って、興福寺の賢璟《けんけい》ら浄行僧5人が室生寺山中で延寿法を修したところ効験があった。その後、賢璟は勅命により、弟子の修円とともに室生寺を創

国宝の五重塔は室生寺最古の建物

地図P160

国宝の金堂

建している。

賢璟はやがて大僧都となり、桓武天皇の平安遷都にも関わっている。修円は興福寺別当となり、最澄や空海とも親交を結び、樫生《むろう》禅師の通称で知られるように室生寺との関わりが深い。室生寺が法相・真言・天台など各宗兼学の道場として栄えたのも修円の影響があるのかもしれない。

古来の修行地としての峻厳さもありながら、室生寺は「女人高野」と呼ばれるだけあって、どこか優美な雰囲気も合わせ持っている。花の名所としても名高く、春の桜やシャクナゲ、夏の深緑、秋の紅葉と四季折々の風情が楽しめる。雪の室生寺は、写真家土門拳が通いつめ40年目に撮影できたという風景で、今もカメラマンの憧れの的となっている。

国宝の灌頂堂（本堂）

山菜料理の老舗前を通って朱塗りの太鼓橋を渡ると、正面は本坊へと続く表門。門前には「女人高野室生寺」と刻まれた石碑が立つ。参拝者は川沿いに右へ進み、三宝杉の前を通って参拝受付へ。その先には御朱印受付の納経所があり、仁王門をくぐるとバン字池の畔から鎧坂の石段が上へと続いている。自然石の急な石段の左右にはシャクナゲやカエデ、ツバキなどが植栽されている。

登り詰めた正面は国宝の金堂。本尊の釈迦如来立像（国宝）のほか多くの仏像が祀られており、金剛蔵王菩薩像も奉安されている。左は重文の弥勒堂。本尊の厨子入り弥勒菩薩立像（重文）の右手には、前鬼・後鬼を従えた役行者像も祀られている。

さらに上へ登ると室生寺の本尊である如意

奥之院御影堂

輪観音（重文）を祀る国宝の灌頂堂（本堂）、その上には国宝の五重塔が立つ。五重塔は室生山中最古の建築で、屋外に立つ五重塔では最小のもの。シャクナゲの季節はとりわけ美しい。ここからさらに先には奥之院があるが、急な石段が長く続くので覚悟して登ろう。

◉宗派　真言宗室生寺派
◉本尊　如意輪観世音菩薩
◉創建　白鳳時代
◉開基　役行者
◉主な行事　1月1日：暁天法要　4月21日：正御影供　6月15日：青葉祭　8月（立秋）：曝涼展　12月12日：陀羅尼会　12月31日：除夜の鐘
◉拝観料　600円
◉御朱印受付　9時～17時

⑬ 登美山鼻高《とみやまびこう》 霊山寺《りょうせんじ》

奈良市中町3879 〒631-0052

☎0742・45・0081 ホームページ：http://www.ryosenji.jp/

地図P161

霊山寺は富雄川の川畔に広大な境内を有する大寺院だ。敷地内にはバラ庭園、レストラン、湯殿、宿泊施設まであり、その規模に驚かされる。見どころとなる堂塔も数多く、時間の余裕をもって参拝したい。

当寺が伽藍を構える富雄の里は、『古事記』には「登美」、『日本書紀』には「鳥見」の地として現れ、富雄川も古くは「富河」「鳥見川」と呼ばれていた。この地を治めていたのは遣隋使小野妹子で知られる小野家で、妹子の息子といわれる富人《とびと》は当寺の縁起に深く関わっている。壬申の乱に関与したことで登美山に閑居することとなった小野富人は、熊野本宮に詣で21日間参籠し薬師如来を感得。登美山に薬草を栽培し薬草湯屋を建て、薬師如来を祀って施湯し多くの人を癒やした。これにより富人は登美仙人、鼻高仙人と呼ばれ敬われた。

聖武天皇の御代、孝謙皇女が病にかかられたとき、鼻高仙人が聖武帝の夢枕に立ち、湯屋の薬師如来を拝すれば癒やされると告げた。行基菩薩が代参すると病は快癒し、勅命により伽藍

鎌倉時代に建立された国宝の本堂

建立となった。天平8年（７３６）にはインドの婆羅門僧菩提僊那《ぼだいせんな》が来日し、登美山の地相が釈尊説法の地である霊鷲山《りょうじゅせん》に似ていることから霊山寺の寺号を奏上、「登美山鼻高霊山寺」として開創されることとなった。

　駐車場から境内に入ってすぐの鳥居には「大辯才天」の額が掛かり、弘法大師感得の辯才天信仰が盛んなことをうかがわせる。鳥居前を右手に進むと奈良最大規模のバラ庭園があり、２００品種２０００株の花が咲く。春と秋の開花期には大勢の観光客でにぎわい、ティーテラス「プリエール」ではバラにちなんだドリンクやスイーツがいただける。

　鳥居をくぐった左手にはレストラン仙人亭、鼻高仙人ゆかりの薬師湯殿が並び、薬師湯殿の向かいには宿坊天龍閣が立つ。

開山大師堂

八体仏霊場と開山の行基菩薩像のあいだの鳥居をくぐって高台に登れば、辯天堂、聖天堂、黄金殿、白金殿などが甍を並べ、御朱印受付の本坊もある。辯天堂には大辯才天の本地仏である聖観音が奉安されている。黄金殿は総漆塗り金箔押しのお堂で大辯才天を、白金殿はプラチナ箔押しのお堂で大龍神を祀る。

少し離れたところに立つ入母屋造りの本堂は鎌倉期の国宝建築で、弘安6年（1283）に改築、昭和17年に解体修理が行われている。本尊薬師如来、脇侍の日光・月光菩薩は春日厨子内に納められ秘仏となっている。本堂前の鐘楼や裏手の鎮守十六所神社は重文だ。

本堂前向かいの高台には開山大師堂、重文の三重塔、行者堂が立つ。行者堂には神変大菩薩、不動明王、青面金剛が祀られている。

当山の乗阿上人は理源大師に従って大峯山の再興に努めた。霊山寺は当山派の十二正大先達に名を連ね、修験との関わりが深い。行者堂前では毎年9月15日に柴燈護摩法会が行われている。

湯屋川沿いの道を奥へと進み、地蔵院の先の鳥居から約1㎞、20分ほど登れば奥之院に着く。弘法大師が感得された大龍神が辯才天として祀られているパワースポットである。

行者堂と重文の三重塔

◉宗派　霊山寺真言宗（単立）
◉本尊　薬師如来
◉創建　天平8年（736）
◉開基　行基菩薩
◉主な行事　1月1日〜3日：修正会　1月7日：大辯才天初福授法会　1月27日：寒施行　2月1日〜3日：修二会　4月17日：春季護摩法会　5月第3日曜日：薔薇会式　7月第1日曜日：解除会　8月22日：盆踊り花火大会　9月15日：柴燈護摩法会　10月23日〜11月第2日曜日：秘仏宝物展
◉拝観料　500円（バラの開花期600円）
◉御朱印受付　9時〜17時

⑭

松尾山《まつのおさん》　松尾寺《まつおでら》

通称＝まつのおさん

奈良県大和郡山市山田町683　〒639‐1057

☎0743・53・5023　ホームページ：http://www.matsuodera.com/

地図P162

「まつのおさん」と呼び親しまれている松尾寺は日本最古の厄除霊場、厄攘《やくじょう》唯一の祈祷寺として知られ、舎人《とねり》親王により開創されたと伝わる古刹。天武天皇の皇子である舎人親王は、勅命による『日本書紀』編纂時に42歳の厄年にあたり、自らの厄除と『日本書紀』完成を祈願し当寺を創建されたという。養老2年（718）2月の初午の日、親王が松尾山で感得された千手千眼観世音菩薩が本尊に祀られている。

大晦日の除夜祭、新年1月の初詣から、松尾寺には厄除祈願の人々が大勢訪れる。厄除観音御出現の2月はつうま日には臨時送迎バスが出て、とりわけ多くの

北惣門

重要文化財の松尾寺本堂

参拝者でにぎわいを見せる。

駐車場のある県道123号側の北惣門をくぐると、本堂まで108段の石段が続いている。石段途中の閼伽井屋には本尊厄除観音に供えられる霊泉が湧き、健康長寿に御利益がある。

登り詰めると向拝付き入母屋造りの本堂が立つ。建武4年（1337）築造の重要文化財で、時を経て落ち着いた朱塗りの色合いが周囲に調和している。本尊の千手千眼観世音菩薩（厄除観音）は秘仏で、毎年11月3日に特別開扉される。

本堂の左手に進むと広場になっており、山側には護摩壇を前にして神霊石の大岩がそびえる。寺院建立前から磐座として信仰を集めていたのであろう。

石段右手に神霊石の大岩、左手に行者堂、石段上には三重塔

石段をはさんで左手には、行者堂、阿弥陀堂、七福神堂が並ぶ。行者堂に祀られるのは、木造としては日本最大とされる役行者椅像。周りを八大童子に囲まれ、前鬼後鬼を従えている。普段は見られないが、毎年9月1日〜7日の修験道まつり期間中には特別公開される。松尾寺の子院であった福寿院は当山派の十二正大先達に名を連ねていた。修験道との関わりは深く、修験関連の多くの古文書が伝えられている。

行者堂横の石段を登ると承和2年（835）創建と伝わる三重塔が立つ。この塔に〈染筆「厄攘」みんなで書こう百萬枚〉参加者の書を奉納している（受付中）。周辺には西国三十三所の石仏が配され、少し登れば松尾山神社が鎮座する。

役行者を祀る行者堂

境内を離れる前に南惣門とそのそばにある宝蔵殿にも足を延ばしておこう。宝蔵殿には奈良時代の旧本尊と推定される焼損仏（トルソー）や円空作の役行者像が安置されている。宝蔵殿の公開は9月1日～11月10日の期間。

◉宗派　松尾山真言宗（単立）
◉本尊　十一面千手千眼観世音菩薩
◉創建　養老2年（718）
◉開基　舎人親王
◉主な行事　12月31日：やくよけ除夜祭　2月はつうま日：厄除観音出現記念大祭　4月29日：舎人親王誕生祭　9月1日～7日：修験道まつり　10月1日：松尾山の秋祭　11月3日：秘仏厄除観音特別開扉
◉拝観料　300円
◉御朱印受付　9時～16時

⑮ 信貴山《しぎさん》　朝護孫子寺《ちょうごそんしじ》

通称＝信貴山寺

奈良県生駒郡平群町信貴山2280-1　〒636-0923
☎0745・72・2277　ホームページ：http://www.sigisan.or.jp/

地図P163

巨大な張り子の寅でおなじみの信貴山朝護孫子寺には、聖徳太子による開創縁起が伝えられている。太子が当山で物部守屋討伐の戦勝祈願をすると、毘沙門天王が出現しその加護によって勝利した。その日時は、寅の年、寅の日、寅の刻であった。太子は自ら毘沙門天王の尊像を刻んで伽藍を建立、「信ずべき、貴ぶべき山」ということから信貴山と名づけたという。境内の張り子の寅や寅お守りなどはこの伝承に由来する。

当寺に伝わる国宝『信貴山縁起絵巻』には、

役行者を祀る行者堂

「世界一福寅」と本堂

中興開山の命蓮上人が醍醐天皇の病を法力で癒やした話が描かれている。醍醐天皇は当山を「朝廟安穏、守護国土、子孫長久」の祈願所とし、朝護孫子寺の勅号を賜ることとなった。

朝護孫子寺の境内は広い。「多聞天」の額が掛かる石鳥居まで来ると、鳥居越しに「世界一福寅」（張り子の寅）、その背後の山上に毘沙門天王（多聞天）を祀る本堂が見える。続く赤門をくぐれば千手院、さらに進めば成福院、玉蔵院が立つ。朝護孫子寺には3つの塔頭寺院があり、宿坊として親しまれている。予約すれば昼食もとれる。

山内には塔頭寺院のほか、三宝堂、虚空蔵堂、多宝塔、開山堂など数多くの堂塔が立ち並び、参道は迷路のように入り組んでいる。案内パ

本堂からは大和平野が一望

ンフレットの地図を手にしながら、時間をかけて参拝しよう。

高台にある舞台造りの本堂まで登ると、眼下に大和平野の絶景が広がる。本堂は豊臣秀頼による慶長7年（1602）再建説が伝わるが、後に修復を加え延享3年（1746）に完成。残念ながら昭和26年の火災で焼失し、昭和33年に再建されている。本尊毘沙門天王は左右に善膩師童子、吉祥天を脇侍とする三尊像の秘仏。御前立ちの背後に「中秘仏」、さらに奥には「奥秘仏」が鎮座する。本堂地下には、当山で修行された新義真言宗の祖・覚鑁上人ゆかりの戒壇巡りがある。

本堂下から多宝塔を経て標高437mの信貴山山上まで登ると、一願成就の霊験あらたかな空鉢護法堂がある。その登り口に立つの

多宝塔の左手から空鉢護法堂への道が続く

が役行者を祀る行者堂だ。当山中興の祖である命蓮上人は飛鉢の法を修したというが、役行者も空を飛んだ伝説があり、山岳修行者や仙人には飛行伝説が付きものだ。信貴山も古来の山岳修行地の雰囲気が色濃く漂う霊場である。

◉宗派　信貴山真言宗
◉本尊　毘沙門天
◉創建　推古天皇代
◉開基　聖徳太子
◉主な行事　1月初寅の日：初寅大法会　1月14日：左義長　2月節分：星祭・鬼追式　7月3日：毘沙門天王大祭
◉拝観料　霊宝館300円、戒壇巡り100円
◉御朱印受付　9時～17時

⑯ 鳴川山《なるかわさん》 千光寺《せんこうじ》

通称＝元山上

奈良県生駒郡平群町鳴川188 〒636-0945

☎0745・45・0652 ホームページ：http://motosanjyo-senkouji.com/

地図P164

鳴川山千光寺は、役行者が大峯山開創以前に修行した地であることから「元の山上」と呼ばれている。役行者は当地の遠見ヶ嶽から南方を望んで金色に輝く霊峰を見いだし、二上山、金剛山、友ヶ島を経て熊野へ入り、熊野から大峯山山上ヶ岳へ登拝されたという。葛城二十八宿をたどって南下し、熊野からは奥駈道を順峰でたどるようなルートである。

当山はまた、役行者の母公白専女《しらとうめ》とのゆかりも深い。白専女は行者が大峯山に入山された後もこの地に留まり修行を続けられた縁《えにし》により、

千光寺総門

観音堂

女性修行者に開かれた霊場であり、女人禁制の大峯に対し「女人山上」とも称されている。

寺伝によれば、役行者は生駒明神の御神託によって鳴川の里に入り、千手観音を刻んで草庵を結んだのが寺の始まりという。その後、天武天皇の命で伽藍が建立され千光寺と号するようになった。

大阪平野と奈良盆地のあいだにそびえる生駒山系は、古くから修験の霊場であった。東の奈良県側には千光寺のほか寶山寺、朝護孫子寺、西の大阪側には興法寺、天龍院、千手寺があり、役行者霊蹟札所が点在している。

また、生駒山近くには村人を悩ませていた2匹の鬼がいたが、役行者が鬼の子を捕えて隠し、鬼を改心させたという伝承がある。このときの鬼が前鬼・後鬼であり、生駒市には今

大師堂

も鬼取町という地名が残されている。

千光寺は鳴川峠の東、標高約250mの中腹に伽藍を構えている。最初の総門から駐車場の先へと進むと、短い石段の上に山門が見える。門をくぐった左手には、役行者の母公白専女を祀る母公堂や庫裏が立つ。

両脇に役行者像がずらりと並ぶ石段をさらに登ると、観音堂、大師堂、行者堂などが立ち、修験の寺らしい峻厳な空気が漂う。

役行者像、前鬼・後鬼像を祀る行者堂は入母屋造り妻入りで、そばには鉄の錫杖と鉄の下駄が据えられている。男子は錫杖を3回持ち上げれば良縁を授かり、女子は鉄下駄をはいて3歩歩めば玉の輿に恵まれるという。

鉄下駄横の石碑には「奥の院岩や行者道是ヨリ一丁」と刻まれている。生駒山縦走路

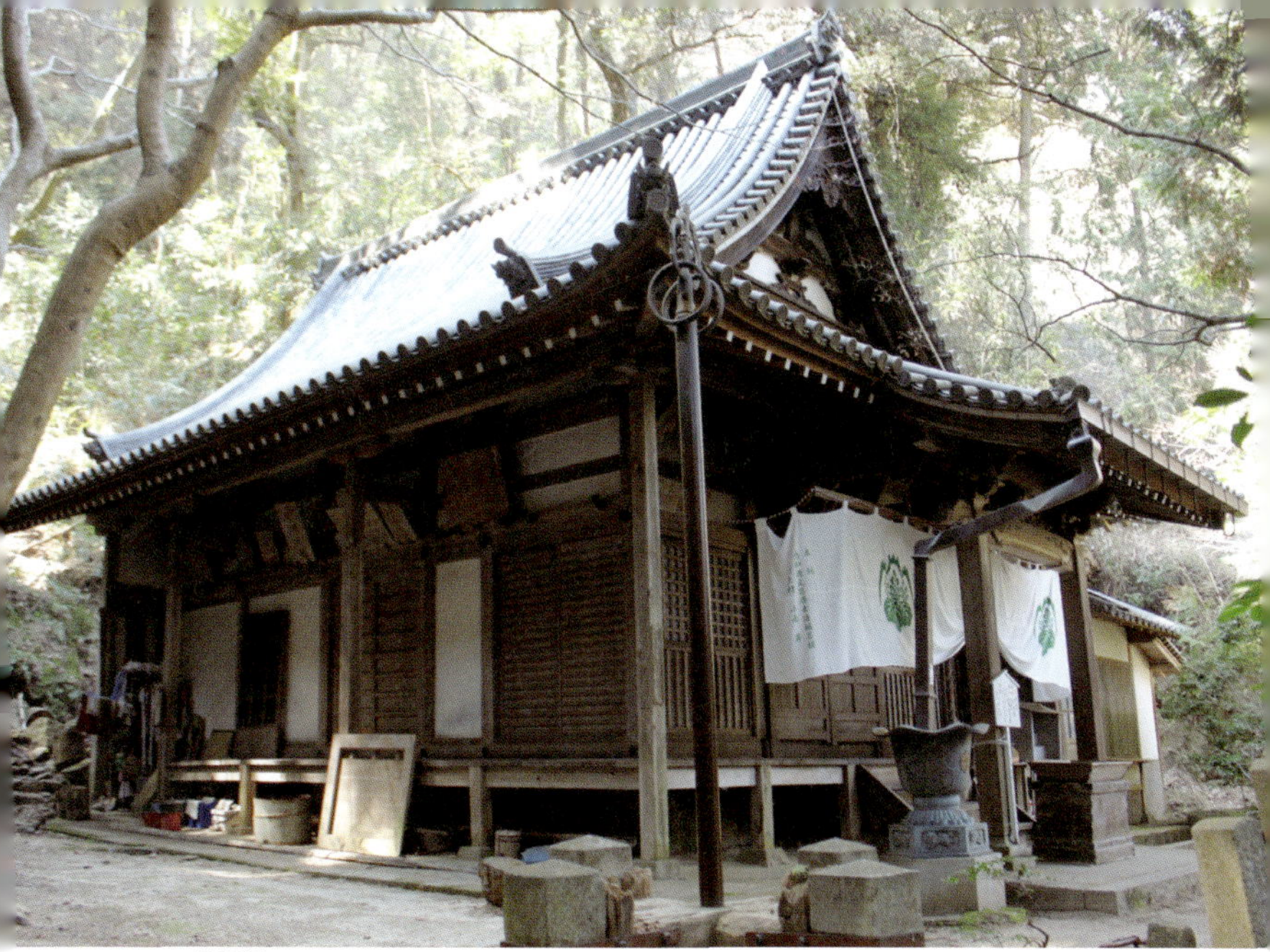
行者堂

まで登り、他の役行者霊蹟札所を徒歩で巡るのも一興だ。千光寺では、春秋に生駒回峰修行が行われているので、一日回峰修行に参加することもできる。

◉宗派　真言宗醍醐派
◉本尊　千手観音
◉創建　白鳳時代
◉開基　役行者
◉主な行事　1月第2日曜日：鳴川大とんど　4月第1土曜日：戸開式　4月第3土曜日：春峰生駒回峰修行　5月18日：千体観音法要　10月第1土曜日：戸閉式　10月第3土曜日：秋峰生駒回峰修行
◉拝観料　無料
◉御朱印受付　7時〜17時（要連絡）

⑰ 生駒山《いこまさん》　寶山寺《ほうざんじ》

通称＝生駒聖天

奈良県生駒市門前町1-1　〒630-0266
☎0743・73・2006　ホームページ：http://www.hozanji.com/

生駒山系は、古くから大峯山や葛城山系とともに、役行者とゆかりの深い修験の霊場である。生駒山系のなかでもひときわ目を引く特異な景観が、ここ寶山寺の般若窟だ。本堂の背後に聳り立つ巨岩にはいくつもの窟が穿たれており、山岳修行の行場の趣が色濃い。役行者がこの地で修行し、梵文般若経を書写して納めたとの伝承から、般若窟と称される。若き日の弘法大師空海も留錫、修行したと伝わる。

中興開山の湛海《たんかい》律師は、僧侶でありながら仏像彫刻の名匠としても知られている。伊勢に生

「歓喜天」の額が掛かる鳥居

地図P165

本堂と背後に聳える般若窟

まれ諸国遍歴の後、役行者の足跡を慕って大和葛城山麓で千日不出の木食行に入り、不動明王のお告げで生駒山を知ることとなる。延宝6年（1678）、弟子とともに生駒山に入山した湛海は、有縁の協力のもと翌年正月に仮本堂を建立、大聖無動寺と号した。

歓喜天を篤く信仰する湛海は、大聖歓喜天を生駒山の鎮守に勧請。本堂の本尊不動明王像なども自ら刻み、伽藍整備に努めている。湛海の験力によって天皇家や将軍家の帰依を受け、生駒の聖天さんは商売繁盛の神さまとして庶民の篤い信仰も集めることとなった。

今も多くの参拝者を集める寶山寺へは、日本最古のケーブルカーでアクセスできる。宝山寺駅から門前町の石段を登ると、両脇に灯籠が並ぶ参道となり、「歡喜天」の額が掛か

観音堂

る石鳥居に迎えられる。駐車場からさらに登って惣門、中門をくぐれば、本堂、拝殿、聖天堂などが立ち並ぶ境内に至る。瓦葺き重層の本堂は当山最古の建造物で、湛海律師作の不動明王像を祀り、般若窟を背にして風格あるたたずまい。本堂左に立つのは桧皮葺八棟造りの拝殿、その背後には聖天堂が鎮座する。向かいには庫裏や客殿のほか、草餅が名物の茶店（土日祝日などに営業）もある。

本堂より高いところには、文殊堂、観音堂などが立ち、般若窟下の遙拝所には虚空蔵菩薩、役行者などが祀られている。般若窟には弥勒菩薩像、役行者像などが奉安されており、弥勒菩薩像は本堂前からも遠望できる。

多宝塔前からさらに登ると、五社明神、大師堂を経て、湛海律師を祀る開山堂のある奥

湛海律師を祀る開山堂

之院に至る。大師堂下には梅屋敷駅への道があり、ケーブルや徒歩で生駒山頂に登ることができる。

◉宗派　真言律宗
◉本尊　不動明王
◉創建　天智天皇3年（664）
◉開基　役行者
◉主な行事　1月1日〜15日：新年特別祈祷会　2月3日：節分会厄除星祭　4月1日：大護摩会式　5月1日〜10日：大般若会式　5月8日：佛誕会　9月23日（秋分の日）：お彼岸万燈会　11月1日〜3日：仏名会　12月1日：聖天厄除大根炊き　毎月1日・16日：歓喜天縁日
◉拝観料　無料
◉御朱印受付　8時〜16時

⑱ 長尾山《ながおさん》　天龍院《てんりゅういん》

通称＝長尾の滝

大阪府東大阪市山手町２０５４　〒５７９－８０２２
☎０７２・９８１・５５００

生駒山系唯一の瀑布として知られる長尾の滝は、上下二段に分かれており、上を雄滝、下を雌滝と呼ぶ。天龍院境内では、本堂右手で雄滝が水しぶきを上げ、境内から下には雌滝が白糸を垂らしている。

当地は役行者が修行場として開いたとの縁起があり、弘法大師空海が長尾の滝で八大龍王を感得されたとの伝承も残る。戦国末期の公卿で、上杉謙信を頼って織田信長とも渡り合った近衛前久《さきひさ》は、天正11年（１５８３）にこの地を訪れ、「たずねずばありともここに山鳥の長尾の奥の滝の白糸」と詠んでいる。

長尾の滝はまた、慈雲尊者が雙龍庵《そうりゅうあん》を結び隠棲した地でもある。慈雲尊者は大阪に生まれ、役行者霊蹟札所でもある法樂寺で出家し、密教のみならず、顕教、禅、神道と広く学んでいる。戒律復興を説いて正法律を創始し、雲伝神道を創唱しているが、なかでも梵語研究の実績は広く知られており、明治に来日した西洋のサンスクリット研究者も高く評価しているほどだ。

地図Ｐ166

長尾の滝雄滝と慈雲尊者像

慈雲尊者

本堂左室

慈雲尊者は宝暦8年（1758）から雙龍庵で研究にいそしみ、1000巻にもおよぶサンスクリット語学書『梵学津梁《しんりょう》』を編述している。雙龍庵の一部であった禅那台は、東大阪市内の長栄寺境内で復元されている。

歴史に彩られた長尾の滝だが、天龍院の創建は明治25年頃と新しい。不治の病にかかった大阪の商人、谷坂光栄は、長尾の滝に籠って病気平癒の願いがかない、これに感謝して八大龍王を本尊に祀り天龍院を建立することとなった。

境内には庫裏と屋根付きの休憩所、前面に火灯窓が付いた本堂が立つ。本堂は左右に2つの入口があって2室に分かれ、右側の部屋には本尊八大龍王が祀られている。左側の部屋には中央に蔵王大権現、左右に役行者と不動明王が奉安されている。本堂右手の雄滝のそばには青銅の慈雲尊者像が立つ。

慈雲尊者像前から石段を登ると、慈雲尊者座禅石や「慈雲尊者住山　雙龍庵遺址」と刻まれた石碑、「東南窟」の額が掛かった小堂などがある。先に進んでハイキング道に出てさらに登れば、府民の森ぬかた園地内の生駒縦走歩道に合流する。ここから縦走歩道を北へたどれば興法寺、生駒山上遊園地を経て東側に下れば寶山寺に至る。

東南窟

◉宗派　金峯山修験本宗 大阪別院
◉本尊　八大龍王尊
◉創建　明治25年頃　◉開基　谷坂光栄
◉主な行事　毎月8日：護摩供法要　5月第2日曜日：八大龍王尊大祭採燈大護摩供　8月第3または第4日曜日：流水灌頂回向法要　9月8日：大黒天尊大祭　10月8日：錦成龍王尊大祭　11月8日：末光稲荷大明神大祭
◉拝観料　無料
◉御朱印受付　9時～16時30分（不在時用の御朱印紙あり）

⑲ 鷲尾山《わしおざん》　興法寺《こうほうじ》

大阪府東大阪市上石切町2-1533　〒579-8012
☎0072・981・2004

生駒山西麓の東大阪市石切から興法寺への道は、生駒の古道「辻子谷《ずしだに》越え」のルートで、東側の寶山寺への参詣道でもあった。興法寺は「西の聖天さん」、寶山寺は「東の聖天さん」と呼ばれており、聖天さん参りの道といってもよい。大阪側の道は現在も辻子谷ハイキングコースとして登山者に親しまれている。

石切駅近くに、弘法大師が一夜にして爪で刻んだお地蔵さまを祀る爪切地蔵の小堂がある。そのそばには1番大師堂が立ち、興法寺までミニ四国八十八ヶ所の小堂や石仏が続いている。

石標と山門

地図P166

歓喜天を祀る聖天堂

途中番号が前後したり、寺の手前で別の道に逸れたりするので、全部をたどるのはむずかしいが、急坂の山登りを励ましてくれる。

道沿いの丁石もよい目安になる。石切神社上之宮への分岐に立つ丁石には「從是　生駒山寶山寺卅六丁　鷲尾山興法寺十八丁」と刻まれている。興法寺までは２㎞足らずということになる。このあたりは標高約１２０ｍ、興法寺は４２０ｍ弱なので、３００ｍほどの登りとなる。

砂倉橋からの急坂にあえぎ、最後の石段を登って興法寺にたどり着いたら、お地蔵さんの手水で清め、石鳥居と山門をくぐって境内へ。右手に立つ赤い建物は聖天堂。その先の左手には、中央に烏須瑟磨《うすさま》明王、右に西国三十三観音、左に不動明王を祀る護摩堂。不動

護摩堂

明王の脇には弘法大師や役行者も奉安されている。護摩堂は参拝者の休憩所にもなっているようだ。
聖天堂の左側に立つ宝形造りの本堂には注連縄が掛かり、本尊十一面観世音菩薩立像が厨子内に奉安されている。像高106㎝、楠材一木造りで、頭上に十一面の小さな仏面をつけるが、本面の右脇に菩薩面、左脇に瞋怒面を有する三面千手像となっている。
興法寺は役行者による開創と伝わり、本尊が藤原初期の作と推定されることから、平安時代には伽藍を構えていたものと考えられている。古くは鷲山寺《しゅうせんじ》と称し、南北朝時代には南朝方の城塞となって兵火にかかり焼失。応仁の乱でも焼けるなど、幾多の盛衰を繰り返してきた。今では、春の枝垂れ桜、秋の紅葉

興法寺本堂

が美しい寺として知られ、ハイカーにも親しまれている。

興法寺からさらに登り、生駒山上遊園地を経て東側に下れば寶山寺、生駒縦走歩道を南下すれば長尾の滝・天龍院に至る。

◉宗派　真言宗醍醐派
◉本尊　三面十一面千手観音
◉創建　白鳳時代
◉開基　役行者
◉主な行事　1月1日～3日：修正会　2月3日：節分会　8月16日：施餓鬼会　毎月1日・16日：聖天浴油供　毎月29日（1月、2月は除く。12月は18日）：烏須瑟磨護摩供
◉拝観料　無料
◉御朱印受付　9時～15時（要連絡）

⑳ 恵日山《えにちざん》 千手寺《せんじゅうじ》

通称＝光堂《ひかりどう》

大阪府東大阪市東石切町3-3-16 〒579-8011

☎072・981・2241

千手寺は近鉄奈良線石切駅の南口から5分ほどの町中に甍を並べている。近くには「石切さん」の愛称でおなじみの石切劔箭《いしきりつるぎや》神社があり、本殿前を行き来してお百度を踏む参拝者の姿が数多く見られる。神社の前から門前町の石切参道商店街が続いており、土産物屋や食事処、占いの館などが軒を連ねている。近鉄けいはんな線新石切駅から商店街をたどって千手寺に向かうのも楽しいものだ。

千手寺の開創は役行者によるものと伝えられている。笠置山の千手窟で修行されていた役行者は不思議な光（神炎）に導かれてこの地を訪れ、千手観世

桂文之助の句碑

地図P166

千手寺山門

音菩薩を感得し一寺を建立、恵日山千手寺と号した。観音菩薩と諸神が居並び出現したことから当地は神並《こうなみ》の里と称し、里人は寺を光堂と呼び親しむようになった。

笠置山は古くからの山岳霊場で、千手窟では東大寺開山の良弁僧正や如意輪寺開山の日蔵道賢上も修行されている。

当寺には空海ゆかりの伝承もある。弘法大師空海が留錫のおり、童形の善女龍王が出現し、観音浄土の霊木を託された。大師は等身の千手観音像を刻んで本尊とし、寺を中興されたという。その後の兵火で堂塔は焼失するが、本尊千手観音は自ら深野池《ふこうのいけ》に飛び込み行方知れずとなった。深野池はかつて大阪東部に広がっていた大池だ。

失われた千手観音像は在原業平によって発

本堂と護摩堂が並んで立つ

見されたという。深野池を訪れた業平は、池のなかに不思議な光を見て観音像を救い出し天皇に献上。天皇はこれを喜び、勅命により寺は再建され、上之坊、中之坊、下之坊、北之坊、南之坊の五院が建立された。

山門をくぐり境内へ入ると、正面に本堂、その左に護摩堂が並ぶ。光堂と呼ばれる本堂は西方極楽浄土を観想する日想観の道場であったという。入母屋造りの護摩堂はかつて在原業平の御影堂であったと考えられ、開山堂と称していた。役行者を本尊としていたこともあるが、現在は不動明王が祀られている。

本尊千手観音は南北朝時代正平12年（1357）造立で、大仏師康俊とその子康成の作。寺に伝わる不動明王像2体は、ともに寶山寺中興開山湛海律師の手によるものだ。

鎮守の菅公、中興の在原業平公を祀る小堂

庫裏の前には鎮守の菅原道真公、中興の在原業平公を祀る小堂が立つ。その右手には上方落語の名人、桂文之助句碑があり、「業平と背中合せのぬくさかな　そろり」と刻まれている。桂文之助は後に芸名を曽呂利新左衛門と称し、寺を訪れ先代住職乗運和尚と親交を結んでいる。文之助の句は「木曽殿と背中合せの寒さかな」という芭蕉の句をベースにしたユーモラスなものだ。

◉宗派　真言宗（単立）
◉本尊　千手観音
◉創建　白鳳時代
◉開基　役行者
◉拝観料　無料
◉御朱印受付　8時～16時30分（要連絡）

㉑ 龍池山《りゅうちざん》 弘川寺《ひろかわでら》

大阪府南河内郡河南町弘川43 〒585-0022
☎0721・93・2814

大和葛城山西麓に伽藍を構える弘川寺は、『弘川寺縁起』によれば、天智天皇の御代、役行者により開創されたと伝わる古刹である。天武天皇の御代には役行者が請雨法を成就し雨を降らせ、勅願寺となった。

行基菩薩修行の地でもあり、弘仁3年(812)には弘法大師空海が嵯峨天皇の命により中興との伝承もある。

文治4年(1188)、弘川寺座主の空寂上人が後鳥羽帝の病気平癒を願い、宮中で尊勝仏頂法を修して効験があり、帰依を受けて奥之院善成寺

地図P168

西行記念館

弘川寺本堂

の勅額を賜った。しかし寛正4年（1463）の兵火で堂塔はことごとく焼失し、その後、弘川寺は太閤検地のころまでに復興がなされていたと考えられる。

平安末期の歌人西行が当寺を訪れたのは入寂の前年、文治5年（1189）、空寂上人を慕ってのことだろう。

しばらく逗留され、「麓まで唐紅に見ゆるかなさかりしぐるる葛城の峰」「訪ね来つる宿は木の葉に埋もれて煙を立つる弘川の里」と詠み、この地で文治6年（1190）2月16日に入寂された。

その西行を思慕して足跡をたどり、弘川寺に西行墳を見いだしたのが、江戸中期の歌僧似雲《じうん》である。似雲は当地に西行堂を建立し、近くに「花の庵」を結んで「今西行」と称え

不動明王とともに役行者を祀る護摩堂

られた。
短い石段を登って境内に入ると、正面に唐破風付き入母屋造りの本堂、左手には護摩堂、右手には御影堂などが並ぶ。護摩堂には不動明王とともに役行者も祀られており、弘法大師を祀る御影堂前には三鈷の松が枝を広げている。
西側の一段低いところには御朱印受付のある本坊、庭園、西行記念館がある。西行記念館は春と秋に公開される。
本堂右手から石段を登ると桧皮葺の西行堂が立ち、その先の広場には西行墳、似雲墳がひっそりと鎮まる。桜山遊歩道入口からさらに登れば、花の庵趾、西行庵趾。桜の季節になると、西行を偲ぶように山道に花びらが降り注ぐ。

西行堂

◉宗派　真言宗醍醐派
◉本尊　薬師如来
◉創建　天智天皇代
◉開基　役行者
◉主な行事　４月１日〜５月10日・10月20日〜11月30日：西行記念館開館
◉拝観料　本坊庭園・西行記念館５００円
◉御朱印受付　９時〜17時（不在時用の御朱印紙あり）

御影堂と三鈷の松

㉒ 檜尾山《ひのおざん》　観心寺《かんしんじ》

大阪府河内長野市寺元475　〒586-0053
☎0721・62・2134　ホームページ：http://www.kanshinji.com/

河内長野の名刹観心寺は、四季折々の花風景が美しいことで知られている。関西花の寺二十五カ所にも名を連ね、冬の椿から、春の梅、桜、ツツジやサツキ、夏のサルスベリ、秋の紅葉まで、季節ごとにさまざまな表情を見せてくれる。

文化財にも恵まれ、国宝3点、重要文化財36点を所蔵している。室町初期に建立された国宝の金堂は、本堂としては府内最古級の木造建築だ。和様・禅宗様・大仏様の折衷様式（観心寺様式とも呼ばれる）で、豊臣秀頼の時代、江戸中期、明治、昭和とたびたび修理を重ねている。

金堂内に祀られているのは国宝の秘仏、本尊如意輪観世音菩薩。平安初期の最高傑作と名高く、戦前の旧国宝では日本で5番目の指定となる。室生寺、神呪寺とともに三如意輪観音にも数えられ、4月17日・18日の御開帳日には数多くの参拝者が訪れる。

大阪府内の国宝建造物5件のうちの1件、国宝彫刻5件のうちの1件が、ともに観心寺にある。霊宝館にも木造地蔵菩薩立像、木造弥勒菩薩坐像など多数の重要文化財が収蔵されており

地図P168

金堂へと続く石段

見逃せない。

　ゆるやかな石段を登り山門前に立つと、「遺跡本山」の扁額が掛かる。遺跡《ゆいせき》本山とは高野山真言宗の寺格で、観心寺と神護寺の２ヶ寺だけに授けられているものだ。

　山門からもゆったりとした石段が続き、木々の枝にさえぎられながらも、正面に金堂の朱塗りと入母屋の屋根が望まれる。石段途中の右手に立つ訶梨帝母天堂は重要文化財建築なので見落とさないようにしよう。

　石段を登り詰めて金堂へ。観心寺の金堂は、後醍醐天皇の命を受けた楠木正成により建立されたと伝えられている。観心寺は楠木家の菩提寺で、正成は幼少のころ観心寺塔頭の中院を学問所としていた。金堂そばにある茅葺き宝形造りの建掛塔《たてかけとう》（重要文化財）も正成の

国宝の観心寺金堂

建立と伝わる。三重塔の造営を目指していたが、正成戦死により、その名のとおり未完成の塔となった。開山堂の奥には楠木正成首塚も残る。

寺伝によれば、当寺は役行者により開創され雲心寺と号していた。大同3年（808）には弘法大師空海が訪れ境内に北斗七星を勧請、弘仁6年（815）には本尊如意輪観世音菩薩を刻み、寺号は観心寺と改められた。

元慶7年（883）勘録の『観心寺縁起資財帳』（国宝）によれば、天長4年（827）、空海の弟子の実恵の意を受け、その弟子の真紹が伽藍造営を始めている。実恵は空海の十大弟子で東寺長者（管長）となった名僧。

阿弥陀堂右手の石段の上には、空海を祀る大師堂と役行者を祀る行者堂が仲よく並ぶ。

重要文化財の建掛堂

周辺は四国八十八ヶ所お砂踏み道場となっており、札所番号の付いた石板が敷かれている。
空海勧請の北斗七星は境内の7つの星塚に配されており、日本唯一星塚霊場として、厄除巡りの参拝者が後を絶たない。

◉宗派　高野山真言宗
◉本尊　如意輪観世音菩薩
◉創建　大宝元年（701）
◉開基　役行者
◉主な行事　2月3日：節分星祭　4月17日・18日：秘仏本尊御開扉　5月（20日〜26日の日曜日）：楠公祭
◉拝観料　300円（本尊御開帳日は700円）
◉御朱印受付　9時〜16時30分

㉓ 金剛山《こんごうさん》 転法輪寺《てんぽうりんじ》

奈良県御所市高天476（金剛山山頂） 〒639-2336

郵便物送り先：大阪府富田林市寺池台2-1-9 〒584-0073

☎0721・74・0873 ホームページ：http://www.katsuragi-syugen.or.jp/

大阪府と奈良県の境にそびえる金剛山、その山頂に甍を並べるのが転法輪寺だ。標高1125mの葛木岳や、転法輪寺のある山頂一帯は奈良県御所市に属しているが、多くの登山者が歩く千早本道やロープウェイが大阪府千早赤阪村側にあるため、大阪の山としても親しまれている。

金剛山は回数登山や耐寒登山の山としても名高い。転法輪寺近くに金剛山登拝回数捺印所があり、回数カードにスタンプを捺印する登山者や、霧氷の見られる冬期の登山者も数多い。修験の山の歴史が形を変えて息づいているようだ。近年では、1時間（または30分）ごとにシャッターが切られる山頂ライブカ

樹齢300年を超える枝垂れ桜の根元には石仏が並ぶ

地図P168

転法輪寺境内

メラに写るのを楽しみに登る人も増えている。

古くは周辺の連山を含めて葛城山と呼ばれ、高天《たかま》山、葛木山とも称した当地が金剛山と呼ばれるようになったのは、金剛山転法輪寺の山号によるものと考えられる。葛城山系は若き日の役行者修行の地であり、法華経八巻二十八品を埋納した経塚、葛城二十八宿の行場でもある。転法輪寺から東へ20分ほどの湧出岳（標高１１１２ｍ）一等三角点近くには、妙法蓮華経如来神力品第二十一経塚があり、石碑が立っている。

寺伝によれば、転法輪寺の開創は天智天皇4年（６６５）、役行者が当山に法起菩薩を祀ったことに始まる。法起菩薩は役行者が金剛山で感得された五眼六臂のお姿の仏さまだ。明治の廃仏毀釈で転法輪寺が廃寺となったさ

法起菩薩を祀る本堂

い、立像は破壊され、頭部と胎内仏のみが残されていたが、平成23年に念願の本尊復刻がなされている。

御朱印受付のある木造の庫裏の前を通り境内地へ入ると、正面に柴灯護摩用の護摩壇が組まれており、石のお不動さんがにらみをきかせている。左手には豊臣秀吉が当山参詣のおりに掘ったというひさご池があり、弁天さまが祀られている。右手の小堂は開山の役行者を祀る行者堂で、向かいには樹齢３００年を超える枝垂れ桜が枝を広げている。

お不動さんの背後から石段を登れば、昭和36年再建の向拝付き入母屋造りの本堂が立ち、銅板葺きの緑青が周囲になじんでいる。本堂説明板によれば、本尊の法起菩薩は、「五穀豊穣、悪虫退散、米を造り、人を造り、家を

役行者を祀る行者堂

造り、人間の幸福を守らせ給う」仏さまであるという。
参拝を終えたら、登山者でにぎわう山頂広場（国見城跡）へ向かおう。転法輪寺の末寺実相院のあった場所で、眺望がよく、天気がよければ淡路島まで見渡せる。

◉宗派　真言宗醍醐派
◉本尊　法起菩薩
◉創建　天智天皇4年（665）
◉開基　役行者
◉主な行事　7月7日：れんげ大祭　毎月7日：本尊護摩供　毎月第3日曜日：山伏修行の日（要連絡）
◉拝観料　無料
◉御朱印受付　9時～15時（要連絡）

㉔ 阿弥陀山《あみださん》 松尾寺《まつおでら》

通称＝泉州松尾寺

大阪府和泉市松尾寺町２１６８　〒５９４‐１１５４

☎０７２５・５４・０９１４

地図Ｐ170

松尾寺の近くには樹齢７００年以上の大きなクスノキがそびえている。樹高38m、幹回り10mの市内一の巨木で、府の天然記念物に指定されている。松尾寺の最盛期は南北朝から室町時代にかけてで、寺領７０００石、僧坊３０８、僧兵数千人を数えたとの伝承もあり、クスノキはその時代からこの地の盛衰を見守ってきたことになる。

「史跡松尾寺境内」の石碑が立つ参道入口まで来ると、かつての子院であった宝瓶院、明王院が甍を並べ、振り返れば東松尾川に架かる惣門橋の赤い欄干が見える。隆盛時の寺域の広さがうかがわれる。

松尾寺の開創は役行者によるものと伝えられる。金峯山修行ののち当地を訪れた役行者は、穀聚三天尊を感得。穀聚三天尊は酒、醤油、農作物等、造りものの神というから、転法輪寺の法起菩薩と共通するものがある。役行者はさらに霊木で如意輪観音を刻み安置したのが寺の起源となる。当寺に伝わる絹本着色役行者像は、現存する最古の役行者画像で鎌倉時代の作。

左右に持国天、増長天が鎮座する山門

白山開山の泰澄《たいちょう》により中興されたとの伝承もあり、山岳寺院としての性格が色濃い。平安中期の『日本往生極楽記』には「松尾の山寺」と記述があり、中世には天台・真言兼学の道場として栄えた。南朝とのゆかりも深く、後醍醐天皇の祈祷所となり、南北朝統一後は足利将軍家の祈願所にも定められている。

天正9年（1581）、織田信長は高野山攻めのさいに松尾寺を焼き討ちし、全山灰燼と帰した。そのため、山内の堂宇はすべて江戸時代以降の再建だが、古代から中世に栄えた山岳寺院の姿を伝える文化遺産として、松尾寺境内地は大阪府史跡に指定されている。

山門へと続く石段を登ると、途中に首堂《こうべどう》と名づけられた小堂が立つ。源義経が一ノ谷合戦による戦死者の首舟一艘を当寺に送り弔っ

如意輪観音を祀る金堂

たものという。他の二艘は堺の港寺、大阪の四天王寺に送られたとのこと。

石段を登り詰めると、左右に持国天、増長天を配した楼門様式の山門が立つ。鉄製の階段が付属しており、楼上に上がると文殊菩薩が祀られている。宝永2年（1705）建立で総楠造り、釘は1本も使われていない。

門をくぐると、左手に念仏堂、寿老人堂、右手に宝物殿が並ぶ。念仏堂には弘法大師が中尊に祀られ、寿老人堂は南海沿線七福神巡りの札所となっている。

さらに進んだ一段高い場所には、金堂、三天堂、不動堂、本坊などが甍を並べる。本尊如意輪観音を奉安する金堂は、慶長7年（1602）、豊臣秀頼の寄進により四天王寺の阿弥陀堂を移築したもの。「施願」の扁額が

穀聚三天尊などを祀る三天堂

掛かり、古色を帯びた朱塗りが落ち着いた風情を醸す。本堂前の三天堂には、役行者感得の穀聚三天尊、松尾明神などが祀られている。白壁に火灯窓を配した宝形造りの不動堂裏手からは、石仏が並ぶミニ西国三十三所が始まる。鎮守の春日神社の左手から樹木におおわれた松尾寺公園内をめぐる気持ちのよい巡礼散策路だ。

◉宗派　天台宗
◉本尊　如意輪観世音菩薩
◉創建　白鳳時代
◉開基　役行者
◉主な行事　2月3日：節分会　4月第1日曜日：御影供　旧10月15日：松尾明神供
◉拝観料　無料
◉御朱印受付　8時〜16時

㉕ 犬鳴山《いぬなきさん》　七宝瀧寺《しっぽうりゅうじ》

通称＝犬鳴山不動尊

大阪府泉佐野市大木8　〒598-0023
☎072・459・7101　ホームページ：http://www.inunakisan.com/

地図P171

犬鳴山七宝瀧寺は「元山上」とも呼ばれている。斉明天皇の御代、役行者により大峯山に先立つこと6年前に開山されたことによる。金剛山地から和泉山脈へと連なる葛城山系は、若き日の役行者の修行場であった。役行者が法華経八巻二十八品を埋納した葛城二十八宿は、現在も大峯と並ぶ修験道の行場となっている。犬鳴山には妙法蓮華経五百弟子受記品第八経塚があり、葛城峯中の奥之院とも称される。

七宝瀧寺という寺号は淳和天皇によるものと伝わる。大旱魃のもとで当山の請雨祈願に大いなる効験があり、山中の7つの瀧を七宝になぞらえて七宝瀧寺と命名された。

一方、犬鳴山という類を見ない山号には悲しい義犬伝説の由緒がある。紀州の猟師が当山で鹿を追い、弓を構えて狙いを定めていたときのこと、連れの犬が吠えて鹿を逃がしてしまった。犬はひそんでいた大蛇の危険を知らせようとしていたのだ。それに気づかぬ猟師は、怒って山刀で犬の首をはねた。犬は切られながらも大蛇の頭に噛みつき、猟師を助けて大蛇とともに息

観音堂あたりから堂宇が立ち並ぶ中心地となる

絶えた。これを悔いた猟師は弓を折って卒塔婆とし、七宝瀧寺で出家して愛犬を供養したという。この話を聞いた宇多天皇より与えられたのが、犬鳴山の勅号だ。

当寺は南朝との縁も深い。南朝方の武将・橋本正高は犬鳴山に志一上人を招き、不動堂を建立するなど当山の中興を助けた。一時は20の僧坊を有するほどに栄えたが、豊臣秀吉の兵火により焼失。その後も盛衰を繰り返し、明治の廃仏毀釈を乗り越えて復興をとげた。

七宝瀧寺へは門前町の犬鳴温泉郷から歩いて参拝する。犬鳴山バス停から本堂まで約1・5㎞（約30分）、いちばん奥の有料駐車場からは約1㎞の道のりとなる。犬鳴林道で本堂近くの駐車場まで行くルートもあるが、対向できない箇所も多く注意を要する。

身代わり不動明王が鎮座する護摩場

参拝道は急な登りも少なく、樹木におおわれた渓流沿いのコースで気持ちよく歩ける。「名勝犬鳴山」石標が立つ総門からしばらく進むと、「迎えの行者尊」の役行者像に迎えられる。滝や奇岩に目を奪われながら登り、「瑞龍門」の額が掛かる赤い山門をくぐると、橋の手前で修験資料館・白雲閣への道が分かれる。さらに進んで義犬の墓を過ぎれば、駐車場のある観音堂近くに着く。ここからはさまざまな堂塔が立ち並ぶ七宝瀧寺の中心地だ。

身代わり不動明王が鎮座する護摩場は柴灯護摩が焚かれるところ。左右に弘法大師と役行者も祀られ、裏手からは第八経塚の燈明ヶ岳への道が通じている。石段を登り鎮守堂を経て本堂へ。役行者御自作と伝わる倶利伽羅大龍不動明王を本尊に祀り、堂内に御朱印所

清瀧堂と行者ヶ滝

もある。

本堂から裏に抜けた先には赤い清瀧堂が立ち、その奥には行者ヶ滝が水しぶきを上げている。滝前の役行者像の下は「行者くぐり岩」になっており、台座岩穴をくぐると不浄を祓い祈願成就の法益を受けるという。

◉宗派　真言宗犬鳴派
◉本尊　不動明王
◉創建　斉明天皇7年（661）
◉開基　役行者
◉主な行事　3月第1日曜日：元山上ヶ岳峯供養　4月29日：山伏祭り　8月第4日曜日：お瀧祭り　11月第3日曜日：燈明ヶ岳峯供養
◉拝観料　行者ヶ滝維持費志納金50円
◉御朱印受付　7時～16時30分

㉖ 一乗山《いちじょうさん》 根來寺《ねごろじ》

和歌山県岩出市根来2286 〒649-6202
☎0736・62・1144 ホームページ：https://www.negoroji.org/

新義真言宗総本山根來寺は、正式には一乗山大伝法院根來寺と号し、興教大師覚鑁《かくばん》が高野山に開いた大伝法院がその始まりとなる。覚鑁上人は仁和寺で出家し20歳で高野山に登り、鳥羽上皇の庇護のもと、長承元年（1132）には高野山上に大伝法院と密厳院を建立し、真言密教の復興に努力した。

その後、大伝法院の荘園である弘田荘、根来の豊福寺《ぶふくじ》に移った覚鑁上人は、境内に円明寺、神宮寺を建立し、康治2年（1143）、49歳でこの地に没した。上人入寂後、弟子たちは高野山へもどるが、正応元年（1288）頃に頼瑜《らいゆ》僧正が大伝法院の拠点を根来に移し、新義真言宗が確立されることとなった。最盛期には、宣教師を通じて海外にもその存在を知られる大勢

役行者（神変大菩薩）を祀る行者堂

地図P172

大伝法堂

力となったが、天正13年（1585）天下統一を推し進める豊臣秀吉の紀州攻めにより、大塔などを残し焼き払われた。その後、紀州徳川家の外護を受け復興し今日に至っている。

覚鑁上人が移り住んだ豊福寺は、豊福《とよとみ》長者によって建立された、虚空蔵菩薩を本尊とする葛城修験の草庵であったともいわれる。根來寺は、葛城巡礼の34番の宿に定められたこの豊福寺を淵源とする。根来の地は葛城山系、和泉山脈のすぐ南に位置し、葛城二十八宿第五経塚と第四経塚の中間部南にあたる。もともと役行者にゆかりの深い土地であった。

根來寺はまた、当山派三十六正大先達に数えられる修験寺院としての歴史を有している。境内には今も役行者（神変大菩薩）を祀る行者堂があり、その信仰を今に伝えている。

大塔と大師堂

国の史跡にも指定されている根來寺境内は広大で36万坪もある。春は桜、秋は紅葉の名所となり、数多くの参拝者に親しまれている。

入山受付手前で右の坂を登れば、近畿三十六不動尊霊場の札所でもある不動堂。不動堂には覚鑁上人を法難から身代わりとなって救われた「きりもみ不動」が祀られている。

受付から奥へ進むと、見上げるような大塔と大伝法堂の大伽藍が左右に並んでいる。大塔は天文16年（1547）の造営で、日本最大の木造大塔として国宝に指定されている。大伝法堂は根來寺の本堂で、本尊に金剛界大日如来、脇侍に金剛薩埵、尊勝仏頂を祀り、3尊とも重要文化財。大塔左手の大師堂も明徳2年（1391）建立の重要文化財建築だ。

本坊の参拝者用玄関からなかに入ると、国

聖天池と聖天堂、右の瓦屋根は行者堂

指定名勝の庭園、重要文化財の光明真言殿、行者堂、聖天堂が拝観できる。
覚鑁上人の御廟所である奥の院を訪ね、境内を隅々まで堪能したら、鐘楼門から下って受付から外に出よう。時間に余裕があれば、駐車場向かいにある覚鑁上人荼毘所跡の菩提院、一山の総門である大門まで足を延ばそう。

◉宗派　新義真言宗
◉本尊　大日如来・金剛薩埵・尊勝仏頂
◉創建　長承元年（1132）◉開基　覚鑁
◉主な行事　1月28日：初会式（秘仏御開帳）6月17日：両祖大師降誕会　8月第1日曜日：大施餓鬼会　8月28日：夏会式（秘仏御開帳）10月30日：先徳忌　12月12日：報恩講
◉拝観料　500円
◉御朱印受付　9時10分〜16時30分（11月〜3月は〜16時）

㉗ 紫金山《しこんざん》 法樂寺《ほうらくじ》

通称＝たなべ不動

大阪市東住吉区山坂1-18-30 〒546-0035
☎06・6621・2103 ホームページ：http://www.horakuji.com/

地図P173

法樂寺の山門前に立つと、正面に見える三重塔よりも高く枝を伸ばした大楠が目に入る。樹高26m、幹周8mの巨木で、推定樹齢800年、大阪府の天然記念物に指定されている。昔は2里先からも眺められたというから、熊野街道を歩く旅人にとってもよい目印となったかもしれない。

寺の開創は治承2年（1178）、平清盛の嫡子、重盛《しげもり》公によるものと伝えられている。大楠はそのころすでに枝を広げていただろうか。重盛公は小松の大臣《おとど》と呼ばれていたため、法樂寺の院号は小松院となった。また、紫金山の山号は紫金二粒の仏舎利に由来する。

『平家物語』によれば、平重盛公は妙典《みょうでん》という正直者の船頭に黄金三千五百両を託し、宋の禅宗五山のひとつ育王山に派遣し結縁を願った。妙典は困難な旅を乗り越え、育王山の佛照禅師に相まみえる。寺の古文書によると、このとき佛照禅師より贈られたのが育王山伝来の仏舎利二粒であったという。

法樂寺山門。右の木が大楠

法樂寺創建にあたっては、仏舎利二粒とともに、平治の乱で没した源義朝の念持仏・如意輪観世音菩薩が祀られている。源平の戦乱で命を落とした者の菩提を敵味方なく弔う「怨親平等」の願いがこめられている。

治承建立の伽藍は戦国末まで護持されたが、元亀2年（1571）、信長の兵火によって焼失。正徳元年（1711）には中興第一世・洪善普摂《こうぜんふしょう》律師が晋山し律院として本格的に復興を開始する。中興第二世・忍綱貞紀和上のもとでは、梵語研究で高名な慈雲尊者が出家得度し、のちに「日本の小釈迦」と呼ばれるほど崇敬された。

山門をくぐると、正面に立つのは平成8年に完成した鎌倉様式の木造三重塔。毎月28日のたなべ不動尊縁日には初重が開扉され内陣

法樂寺本堂

を拝することができる。内陣の宝篋印塔内には育王山伝来の仏舎利が奉安されている。

　三重塔の背後には入母屋・書院造りの本堂が立ち、本尊に不動明王が祀られ、近畿三十六不動尊霊場の札所にもなっている。右脇陣には釈迦如来を中尊に、両脇に如意輪観音と地蔵菩薩が、左脇陣には十一面観音を本地とする大聖歓喜天が祀られている。本堂左手にはまだ新しい大師堂があり、そばには四国八十八ヶ所霊場本尊碑が立つ。以前本堂に祀られていた役行者像は大師堂内に安置されている。大楠の下の水かけ不動像左手にも役行者像を見ることができる。

　法樂寺にはまた、修験の本尊である蔵王権現像も伝わっている。元慶年間（877〜885）に龍宮から出現し源融《みなもとのとおる》の守護仏であ

大師堂には弘法大師のほか役行者も奉安されている

ったとの伝承のある蔵王権現立像で、平安後期の作と推定される。

境内のリーヴスギャラリー小坂奇石記念館では、毎年11月中旬〜12月上旬に書家・小坂奇石の作品を紹介する特別展が開催される。

●宗派　真言宗泉涌寺派
●本尊　大聖不動明王
●創建　治承2年（1178）
●開基　平重盛
●主な行事　1月1日〜3日：歳旦吉祥護摩供　1月28日：たなべ不動尊大祭、柴燈大護摩供　2月1日〜7日：節分厄除星祭　5月28日：たなべ不動尊大祭　10月21日：四国八十八ヵ所お砂踏み
●拝観料　小坂奇石記念館300円
●御朱印受付　8時〜17時

㉘ 蓬莱山《ほうらいさん》 清荒神《きよしこうじん》 清澄寺《せいちょうじ》

通称＝清荒神

兵庫県宝塚市米谷字清シ1番地　〒665－0837
☎0797・86・6641　ホームページ：http://www.kiyoshikojin.or.jp/

地図P174

正式名称は蓬莱山清澄寺だが、清荒神の通称で知られ、多くの参拝者でにぎわう寺だ。本尊大日如来以上に信仰を集めているのが鎮守神の三宝荒神で、「荒神さん」「清荒神さん」と呼び親しまれている。「清」は地名の「清シ」から来ている。

清澄寺の創建は寛平8年（896）、宇多天皇の勅願による。讃岐国の名仏師・定円《じょうえん》法眼が刻んだ大日如来を本尊とし、開山に比叡山の増命《ぞうみょう》を迎え、東寺の益心《やくしん》を導師として開創された。増命はのちに天台座主となって静観《じょうかん》僧正の諡号を贈られており、益心はのちに東寺長者となった高僧だ。

当初は眺望のよい東方の山の尾根、旧清《もときよし》（切畑字長尾山）に清澄寺の伽藍があり、西の谷に荒神社が鎮座していた。益心が荒神尊に仏法守護、三宝の加護を祈ったさい、社前の榊の木に荒神さまのお姿が現れたといい、「荒神影向《ようごう》の榊」として今も天堂裏手に伝えられている。宇多天皇はこの霊験に感銘を受け、「日本第一清荒神」の称号を下賜された。

清荒神山門

寿永2年（1183）、源平の戦乱で諸堂を焼失するが源頼朝により再興。織田信長に反旗を翻した荒木村重の乱でも炎上するが、西の谷の荒神社だけは難を逃れ、清澄寺も現在地に再建されることとなった。

露店の並ぶ参道を奥へと進み山門へ。左に「大界外相」と刻まれた結界石、右に「日本第一清三寶大荒神王」石碑が立つ。大きなイチョウの木の横を通る石畳は、まっすぐに本堂へと通じている。参拝順路の標識に従って途中で左に折れ、三宝荒神王、大聖歓喜天、十一面観世音菩薩などが祀られている天堂に向かう。拝殿と浴油堂が棟続きの天堂では、三宝荒神・歓喜天尊の合行如法浴油供《ごうぎょうにょほうよくゆく》の秘法が日々欠かすことなく修されている。

天堂の左手から背後に回ると、護法堂の裏

順路標識に従ってまずは天堂へ

に荒神影向の榊があり、ここに供えられたお賽銭を持ち帰って、次回参詣のときに倍にして返すという風習が伝わっている。天堂右手では大量の火箸が積み上げられた火箸納所が目を引く。火の神・かまどの神である三宝荒神に厄を挟み除いてもらうという信仰だ。

その隣の石の祠は神変大菩薩役行者を祀る行者洞だ。三宝荒神は役行者が最初に感得されたもので、金剛山で祈っているときに出現されたという。修験とのかかわりが深く、その像容にも蔵王権現と共通するものがある。

行者洞横から本堂へ向かう。本堂は旧清の地から安政年間に移築されたものだが、平成の大改修により新たな姿となった。中央に本尊大日如来、左右に不動明王、弘法大師が祀られている。御朱印受付は本堂左手にある。

本尊大日如来を祀る本堂

参拝を終えて余裕があれば、鉄斎美術館や龍王瀧へ足を延ばしたり、史料館を見学しよう。無料休憩所の付いた売店では、清荒神まんじゅうや清荒神せんべいがお土産になる。

◉宗派　真言三宝宗
◉本尊　大日如来
◉創建　寛平8年（896）
◉開基　静観僧正
◉主な行事　1月1日〜3日：新年祝祷三宝大祭　1月27日・28日：初三宝荒神大祭　2月節分：荒神星祭　4月27日・28日：春季三宝荒神大祭　12月27日・28日：納三宝荒神大祭　毎月1日：月旦祭　毎月27日・28日：月並三宝例祭
◉拝観料　無料
◉御朱印受付　9時〜17時

㉙ 上野山《じょうやさん》　須磨寺《すまでら》

正式名称＝福祥寺《ふくしょうじ》

神戸市須磨区須磨寺町4-6-8　〒654-0071
☎078・731・0416　ホームページ：http://www.sumadera.or.jp/

地図P175

古くから白砂青松の景勝地として名高い須磨は、歌枕の地でもある。往古は『万葉集』に登場し、小倉百人一首に選ばれた源兼昌の歌にも詠じられている。

源兼昌の歌「淡路島かよふ千鳥の鳴く声に幾夜寝ざめぬ須磨の関守」にあるように、須磨は関所の地でもあった。山陽須磨駅すぐ北の関守稲荷神社に関屋跡の石碑が残るが、実際の関所跡地は諸説あるようだ。

須磨の関を詠んだ歌には、在原行平《ありわらのゆきひら》の歌もある。「旅人はたもと涼しくなりにけり関吹き越ゆる須磨の浦風」。行平は弟の業平《なりひら》とともに光源氏のモデルの一人ともいわれており、創建当時の須磨寺に参籠していたと伝えられている。『源氏物語』第12帖「須磨」の巻は、その名のとおり須磨が舞台となっており、光源氏の須磨での居所は、行平が蟄居した侘び住まいの近くとして描かれている。

須磨寺の前身は淳和天皇の勅命により建立された恵偈山北峯寺で、漁師が和田岬沖から引き

源平の庭

上げた聖観音像が安置されていた。仁和2年（886）、北峯寺の聖観音を移し、光孝天皇の勅命で聞鏡上人により当地に開創されたのが上野山福祥寺であると伝えられている。風光明媚な須磨にあることから、福祥寺は須磨寺と呼ばれるようになった。

山陽電鉄須磨寺駅から門前町の須磨寺商店街を抜けると、やがて赤い欄干の龍華橋と仁王門が見える。門をくぐると、馬にまたがる2騎の武将像に目を引かれる。平敦盛《たいらのあつもり》と熊《くま》谷《がい》直実《なおざね》の一騎打ちの場面を再現した「源平の庭」で、敦盛の馬は青い海のなかに立っている。『平家物語』の悲しい名場面が思い起こされる。傍らの宝物館には源平ゆかりの宝物が展示され、敦盛愛用の青葉の笛も見ることができる。

石段を登り唐門をくぐれば、本尊聖観世音

須磨寺本堂

菩薩を祀る本堂が立つ。現在の建物は豊臣秀頼により慶長7年（1602）に再建されたもの。内陣の宮殿は応安元年（1368）の造営で国の重要文化財に指定されている。

本堂の右手に立つのが、役行者像が奉安されている護摩堂だ。護摩堂には中尊に不動明王が祀られ、向かって左に摩利支天、右に役行者が祀られている。御朱印受付は本堂向かいの寺務所へ。

須磨寺の境内は広く、大師堂、八角堂、三重塔など堂塔も数多い。背後の山には奥の院が鎮まり、参道沿いには十三仏や七福神が祀られミニ札所めぐりもできる。さまざまな仕掛けのある「おもろいもん」が各所に設置されており、句碑・歌碑・文学碑もいたるところにある。余裕があれば、寺務所でパンフレ

不動明王、摩利支天とともに役行者を祀る護摩堂

ットをもらって境内散策を楽しもう。
毎月20日、21日はお大師さんの縁日になっており、境内や参道に露店も出て、商店街もにぎわいを見せる。「須磨のお大師さん」と親しまれる須磨寺参拝には絶好の日だ。

◉宗派　真言宗須磨寺派
◉本尊　聖観世音菩薩
◉創建　仁和2年（886）
◉開基　聞鏡上人
◉主な行事　1月1日：開運修正会　2月3日：節分星祭り　2月12日：土砂加持　4月上旬：十三まいり　4月6日～8日：花まつり　8月9日：みあかり観音供養会　11月23日：柴燈護摩
◉拝観料　無料
◉御朱印受付　8時30分～17時

㉚ 根本山《こんぽんざん》 神峯山寺《かぶさんじ》

大阪府高槻市原3301-1 〒569-1051

☎072・688・0788 ホームページ：http://www.kabusan.or.jp/

地図P176

往古より近畿地方にある7つの霊山を「七高山」と呼ぶ。比叡山、比良山、伊吹山、愛宕山、神峯山、金峯山、葛城山（高野山）の7山で、勅命により国家鎮護の祈祷を行う七高山阿闍梨が派遣された山岳霊場だ。

神峯山は697年、役行者により開山され、日本で最初に毘沙門天が奉安された地と伝えられている。葛城山で修行中の役行者は北方に黄金の光を見いだし、神峯山に入山して金毘羅童子に出会う。金毘羅童子は十二神将の筆頭であり、梵語でクンビーラ、讃岐のこんぴらさんでもおなじみの水神だ。金毘羅童子は役行者にこの地に伽藍を建立するように告げ、4体の毘沙門天が刻まれた。そのうちの1体は神峯山寺に留まり、あとの3体は京都の鞍馬山、奈良の信貴山、北峰の本山寺へと飛び去ったという。

現在の神峯山寺本堂には3体の毘沙門天が祀られている。内陣の厨子内には毘沙門天、吉祥天女、善膩師童子《ぜんにしどうじ》の3尊が安置されている。毘沙門天と吉祥天女は夫婦、善膩師童子はその子

神峯山寺仁王門

とされており、在家が家庭円満などを祈る。その奥の中内陣に祀られる双身毘沙門天は僧侶が修行のために祈る本尊。最奥の内内陣に祀られる兜跋毘沙門天は国を護る神として、楠木正成ら多くの武将の信仰を集めてきた。

神峯山寺が中興開山されたのは宝亀5年（774）、開成《かいじょう》皇子による。開成皇子は光仁天皇の子で桓武天皇の庶兄にあたり、勝尾寺の開山として知られている。神峯山寺はこれを機に光仁天皇勅願所となり、皇族とのかかわりも深く、屋根瓦など境内各所に菊の御紋が見られる。

阿弥陀信仰も盛んな時期があり、融通念仏宗を開いた良忍の弟子である良恵は、当山の座主になっており、伝来の阿弥陀如来坐像は国の重要文化財に指定されている。

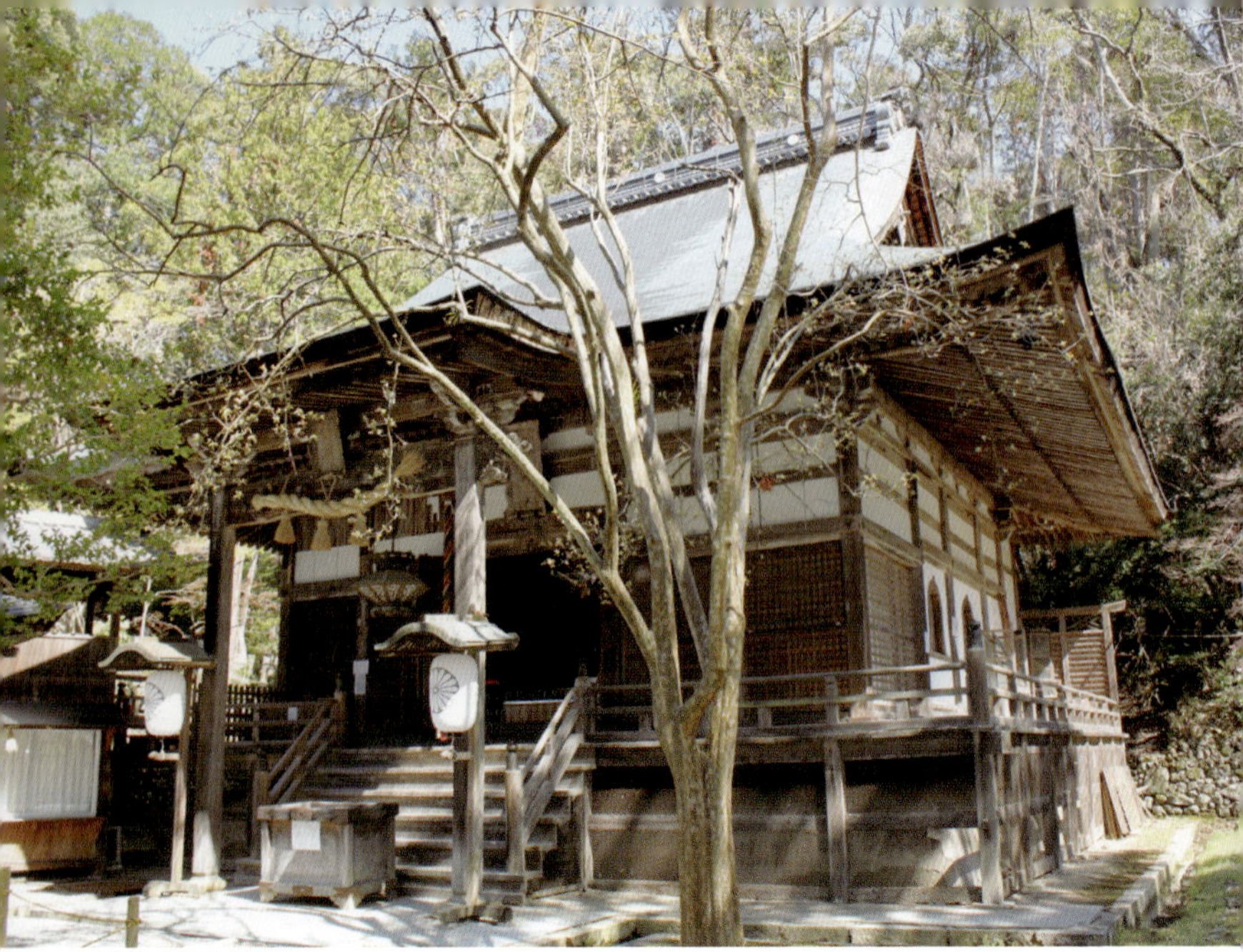

神峯山寺本堂

鎌倉期以降は武家の帰依も篤く、江戸期には毘沙門天が七福神の一尊として大坂商人の信仰を集め隆盛したが、明和2年（1765）の火災で本堂等を焼失。その後、徐々に復興し現在に至っている。

赤い仁王門をくぐって境内に入ると、ゆるやかな登り道が本堂へと続いている。化城院（護摩堂）を過ぎると左手に御朱印受付があり、短い石段を登ると入母屋造り銅板葺きの本堂が立つ。安永6年（1777）再建の建物で本尊毘沙門天を祀り、屋根の上部に菊の御紋が見える。

本堂右手の宝形造りは釈迦堂。本堂と釈迦堂のあいだの自然石の石段を登れば、役行者を祀る開山堂で、向拝付き宝形造りの建物に神変大菩薩の額が掛かる。石段周辺には楓の

役行者を祀る開山堂

木が多く、秋の紅葉が美しい。

本堂前から左手に進むと、観音堂や鐘楼堂が立つ。観音堂の脇にある十三重石塔は光仁天皇の分骨供養塔だ。

帰りに仁王門を出て右手の駐車場入口に向かうと、「開山役行者笈掛石」石碑が目に入る。『摂津名所図会』にも記載のある役行者ゆかりの石だ。

◉宗派　天台宗
◉本尊　毘沙門天
◉開山　697年
◉主な行事　正月初寅：初寅会　毎月8日：毘沙門会　毎月18日：観音会
◉拝観料　無料
◉御朱印受付　9時〜17時

㉛ 北山《きたやま》　本山寺《ほんざんじ》

大阪府高槻市原3298　〒569-1051

☎072・687・9921

大阪府高槻市と京都市西京区の境に、ポンポン山という変わった名前の山がある。古くは加茂勢山と呼ばれていたが、山頂付近でポンポンという足音が鳴るからこの名が付いたといわれている。東海自然歩道のルートでもあり、標高約679mの山頂からの展望もよいため、人気のハイキングコースになっている。本山寺の音が転じてポンポン山になったとの説もある。

本山寺が伽藍を構えるのはポンポン山の南、標高およそ500mの中腹だ。神峯山寺から北に歩いて1時間ほどの距離になる。本山寺手前900mのところに駐車場があり、さほど狭くない舗装路が続いているので、自動車での参拝も問題ない。

本山寺の開山は役行者と伝えられている。葛城山で修行中の

勧請掛の縄が掛かる冠木門

地図P176

豊臣秀頼により伏見桃山城内から移築されたと伝わる中門

役行者は北に五色の彩雲がたなびくのを目にし、当山で毘沙門天を刻んだのが始まりという。

宝亀年間（770〜781）には、光仁天皇の子である開成《かいじょう》皇子により中興開山され、伽藍が建立されている。開成皇子は勝尾寺開山として知られ、本山寺、神峯山寺のほか、同じ高槻市内の安岡寺《あんこうじ》の開山にも関わっている。根本山神峯山寺、北山本山寺、南山安岡寺は「北摂三山」と並び称されている。

戦国時代には松永弾正（久秀）が所領を寄進し、本山寺毘沙門天御供田の記録が残る。三好長慶や高山飛騨守（友照）・右近父子らが出した寺領の安堵状なども伝えられている。天正年間（1573〜1592）の兵火で焼失したが、慶長8年（1603）に豊臣秀頼

門の奥に庫裏、左手の白壁の建物は護摩堂

により再建されている。

　江戸期には高槻藩主永井氏や皇室の崇敬も受け、宝永年間（１７０４～１７１１）には５代将軍徳川綱吉の母公桂昌院により大改修が行われた。

　本山寺とポンポン山の分岐まで登ると、冠木門に勧請掛の縄が掛かる。続いて豊臣秀頼が伏見桃山城内の門を移築したという中門をくぐり、高い石垣に沿って奥へ進む。石段の上には本堂の屋根が見え、左手には庫裏や護摩堂が立つ。入母屋造り銅板葺きの本堂に祀られる本尊毘沙門天立像は国指定重要文化財。右手の石段上に立つ白壁の宝形造りは開山堂で、役行者や開成皇子が祀られている。

　本堂右手から山道に入ると、やがて勧請掛のところで分岐した道と出合い、ポンポン山

本山寺本堂

山頂へと通じている。途中にある天狗杉（夫婦杉）は2本の大杉が仲よく並び、鞍馬、愛宕、本山寺、箕面と飛翔する天狗の休息地と『本山寺略縁起』に記されている。

◉宗派　天台宗
◉本尊　毘沙門天
◉創建　持統天皇10年（696）
◉開基　開成皇子
◉主な行事　1月3日：初寅会大護摩供　5月第2日曜日：宇賀神弁財天法要　7月土曜日〜第2日曜日：大峯山修行　9月第2日曜日：施餓鬼法要　11月第2日曜日：大般若転読護摩供
◉拝観料　無料
◉御朱印受付　9時〜16時（要連絡）

㉜ 聖護院門跡《しょうごいんもんぜき》

京都市左京区聖護院中町15　〒606‐8324
☎075・771・1880　ホームページ：http://www.shogoin.or.jp/

地図P177

修験道には、天台系の本山派と真言系の当山派という2大流派が存在する。聖護院門跡は修験道本山派の総本山だ。天台寺門宗を開いた智証大師円珍は、役行者の霊蹟を訪ね、大峰山、葛城山、熊野三山などを巡拝し山岳修行を重ねた。円珍の流れをくむ園城寺（三井寺）で得度した増誉《ぞうよ》大僧正もまた、山岳修行に打ち込み、当代最高の修験僧として名をはせた。

寛治4年（1090）、増誉は白河上皇の初めての熊野参詣において先達を務めることとなる。その功が認められ白河房と呼ばれる寺坊が建立され、天皇上皇を守護するという意味の「聖体護持」から2字をとり聖護院と称し、本山修験の頭領となった。増誉はまた、最初の熊野三山検校にも任じられている。この時代は上皇の熊野詣が盛んになるさきがけで、白河上皇は9度、鳥羽上皇は21度、後白河上皇は34度、後鳥羽上皇は28度も熊野御幸を重ねている。上皇の熊野御幸の案内は代々聖護院大先達が務め、熊野三山と本山派修験の関わりは深まっていった。

後白河天皇の皇子である静恵《じょうえ》法親王の入寺により宮門跡となった後は、明治維新まで37代門

聖護院門跡山門

主のうち25代が皇室から、12代が摂家から入寺されている。皇室との関係が深い門跡寺院として、高い寺格を誇り繁栄した。

応仁の乱や京都大火などで焼かれ、洛北岩倉、烏丸今出川など各地を転々とした後、延宝4年（1676）に創建当初の旧地にもどる。江戸時代、この一帯は鬱蒼とした聖護院の森が鴨川まで広がっており、森のなかに甍を並べるこの寺は「森御殿」と呼ばれていた。秋の紅葉が錦の織物のように美しいことから、「錦林」という地名も残っている。

明治に入ると門跡は廃止され、神仏分離令や修験道廃止令により大打撃を受け、明治政府により天台寺門宗に帰属させられたが、大戦後の昭和21年には独立して本来の形であった修験宗にもどり、昭和36年に本山修験宗と

本堂には重文の不動明王像や円珍智証大師、役行者像が祀られている

改め今日に至っている。
東大路通から東に入ると、通りの両側に京町家の八ツ橋屋が店を構えている。東山の峰を遠くに望みながらさらに進むと聖護院門跡が姿を現す。山門から正面方向に本坊の玄関があり、本堂への門が閉じられているときは寺務所2階の大仏間で、千年以上前の不動明王（重文）に参拝する。
山門入って右手には砂の庭が広がっており、奥に立つ鉄筋の入母屋造りが本堂（不動堂）だ。重要文化財の不動明王立像や、前鬼後鬼と八大童子を従えた役行者像などを祀る。本堂手前で南面して立つのが宸殿で、天明8年（1788）に京都御所が焼失したさいには、3年ほど光格天皇の仮皇居となっている。光格天皇は役行者千百年御遠忌にさいし神変大菩

宸殿内部では貴重な仏像や狩野派の襖絵が見られるので秋の特別公開期間に拝観しよう

薩の謚号を贈られており、宸筆謚号勅書（重要文化財）が所蔵されている。宸殿の背後には重要文化財建築の書院などが立つ。

聖護院への参拝は節分会や秋の特別公開期間をおすすめする。宸殿や書院の内部、貴重な仏像や襖絵などを見ることができる。

◉宗派　本山修験宗総本山
◉本尊　不動明王
◉創建　寛治4年（1090）◉開基　増誉
◉主な行事　1月8日～14日：寒中托鉢修行　2月2日・3日：節分会　4月中旬：葛城修行（2泊3日）　6月7日：高祖役行者報恩大会　9月上旬：大峰奥駈修行（5泊6日）　11月29日：大般若転読法要
◉拝観料　秋期特別公開800円（参拝は無料）
◉御朱印受付　9時～17時（冬期は～16時30分）

㉝ 醍醐山《だいごさん》　醍醐寺《だいごじ》

京都市伏見区醍醐東大路町22　〒601‐1325
☎075・571・0002　ホームページ：https://www.daigoji.or.jp/

醍醐寺は、空海の孫弟子にあたる聖宝によって開かれた。

「醍醐寺縁起」によると、深草の貞観寺で学んでいた聖宝は東方の空に五色の雲がたなびくのを見て、笠取山に入り、一人の老人と出会った。「ああ醍醐味なるかな」と湧水を飲んでいた老人は、地主神の横尾明神で、聖宝がこの地に仏法を広めるための寺院を建立することを願うと、許すと同時に、その守護を約して姿を消したとされている。そして貞観16年（874）に、聖宝が、笠取山の山上に草庵を結び、准胝観音と如意輪観音の造像に着手して醍醐寺の歴史が始まった。その後、醍醐天皇の帰依を受け、山上に薬師堂や五大堂が建立され、上伽藍は整備されていく。上醍醐の整備に続き、麓の下醍醐にも五重塔や金堂が建立され、山上から山下までの広大な寺域を持つ大寺院となった。以来、真言宗の中心的寺院の一つとして栄え、数多くの文化財を所蔵している。

聖宝は、真言宗の二大流派の一つ、小野流の祖として知られているが、同時に、大峯山など

地図P178

醍醐寺金堂

の霊山で山岳修行に励み、修験道中興の祖としても尊崇を集めている。江戸時代に入ると、醍醐寺の中心的塔頭である三宝院が修験道当山派の本山としての地位を確立し、醍醐寺座主でもある三宝院門跡が3000人の修験者を従えて、大峯山に入峰している。

この三宝院は、12世紀に創建され醍醐寺座主の住房として栄えてきたが、応仁の戦乱で他の塔頭や伽藍と同様に焼失しており、現在、国宝に指定されている唐門や表書院、その他の殿舎の大半は豊臣秀吉の寄進によって建立されたものである。

秀吉は、三宝院の復興だけでなく、醍醐寺創建当時の威容を伝える五重塔（国宝）の修理を行い、焼失していた金堂（国宝）の再建も命じている。

弁天池と観音堂

秀吉による醍醐寺復興は、慶長3年3月15日に行われた「醍醐の花見」として、今も語り継がれる絢爛豪華な花見を契機として始められた。醍醐寺は古くから桜の名所としても知られており、秀吉は慶長2年3月8日に、徳川家康を連れて醍醐寺で花見を行っている。その時に秀吉は、翌年には、より盛大な花見を行うことを計画。慶長3年に入ると足繁く、醍醐寺を訪れ、花見の準備を進めている。畿内から700本の桜を移植することや、花見用の茶屋の建設を命じている。それだけでなく、現在、特別史跡特別名勝に指定されている三宝院庭園の縄張りを自ら行うなど積極的に三宝院の復興に取り組んでいる。

秀吉は、その年の夏に亡くなっているが、醍醐寺の復興は、秀頼に受け継がれ、下醍醐

上醍醐五大堂

では仁王門、上醍醐では開山堂や如意輪堂が再建された。
奈良街道に面した下醍醐の総門から上醍醐の五大堂まで、歩くと約1時間半。醍醐天皇から秀吉までの歴史を感じながら登る時、本当の醍醐味が感じられる。

◉宗派　真言宗醍醐派　◉本尊　薬師如来
◉創建　貞観16年（874）
◉開基　理源大師聖宝
◉主な行事　2月23日：五大力尊仁王会　4月第2日曜日：豊太閤花見行列　6月6日～9日：三宝院門跡大峯山花供入峰修行　7月下旬：三宝院門跡大峯山奥駈修行
◉拝観料　800円（春期・秋期1500円）上醍醐600円（拝観券あれば500円）
◉御朱印受付　9時～16時

㉞ 大乗峰《だいじょうほう》　伊吹山寺《いぶきさんじ》

山麓・発心堂：滋賀県米原市上野字地蔵　〒521－2312

☎0749・58・0368　ホームページ：http://www.biwa.ne.jp/~mt-ibuki/

地図P179

近畿地方にある7つの霊山は、古来「七高山」と呼ばれている。比叡山、比良山、伊吹山、愛宕山、神峯山、金峯山、葛城山（高野山）の7山で、七高山阿闍梨が勅命により国家鎮護の祈祷を行っていた山岳霊場だ。

伊吹山は標高1377mの滋賀県最高峰で、日本百名山にも名を連ねている。今では登山者にも人気の山だが、古くは人々に畏敬される峻厳な霊峰であった。伊吹山の荒神である白い大イノシシが大氷雨を降らせ、ヤマトタケルノミコトが命からがら下山した話はよく知られている。修験の山として役行者や行基菩薩、白山開山の泰澄が入山したとの伝承もある。

『日本三代実録』によれば、仁寿年間（851～854）、三修上人が伊吹山南の中腹に弥高《やたか》寺《じ》を創建。他に大平寺、長尾寺、観音寺が建立され、伊吹山四大寺と呼ばれ、後に伊吹護国寺として元慶2年（878）に定額寺の指定を受けている。

伊吹山南の尾根の標高700m付近には国の史跡にも指定された弥高寺跡があり、「弥高百

伊吹山山頂の覚心堂

坊」と呼ばれるほどの隆盛が偲ばれる。戦国時代には京極氏の城郭にもなり、兵火により焼失し山麓に坊舎を移している。

伊吹山は諸国遊行の仏師、円空ゆかりの地でもある。寛文6年（1666）作の北海道洞爺湖観音島の観音像には、「江州伊吹山平等岩僧内　円空」と刻まれており、円空が伊吹山平等岩の修行僧であったことが記されている。平等岩は行道岩、行導岩とも呼ばれ、『近江輿地誌略』伊吹山の項には、「三銖（三修）沙門、この石上にて昼夜禅行導をなす。爾来行導岩と号す」とある。五来重氏によれば、大峯をはじめとする行場にある平等岩は元は行道岩の意であり、行道という修行が存在したという。（五来重『遊行と巡礼』角川選書）

明治の神仏判然令、修験道廃止令で衰微し

8合目から行導岩を遠望

た伊吹山寺の復興を発願されたのは、長浜市玉泉寺住職の吉田慈敬師だ。昭和60年に地元上野区の協力のもと山麓伊吹山寺を再興、平成3年に伊吹山寺山頂本堂「覚心堂」を落慶、平成14年には山麓「発心堂」を完成させている。

伊吹山山頂には伊吹山ドライブウェイが通じている。開通期間は4月下旬頃から11月下旬頃までで、冬期は通行できない。山頂駐車場には食事ができるスカイテラスがある。駐車場から覚心堂のある山頂へは、西登山道コースで40分、中央登山道コースで20分と記されているが、お花畑をゆっくり見ながらの時間で、実際にはそれほどの距離はない。

覚心堂は緊急時の山小屋の役目も果たしているようで、24時間開いている。参拝を済ませたら浄財箱に納経朱印料を入れ、御朱印紙

冬期は山麓の発心堂へ

を授かろう。御朱印紙はスカイテラスにも設置されている。冬期は山麓の発心堂へ。

余裕があれば上野への下山道を少し下ってみよう。９００ｍほど下った8合目には木の椅子やテーブルがあり、行導岩の案内板が立つ。琵琶湖を背景にした斜面に小さなお堂が見える。お堂の立っている岩が行導岩だ。山頂まで急坂を引き返して帰途につこう。

◉宗派　天台宗　◉本尊　薬師如来
◉創建　仁寿年間（８５１〜８５４）
◉開基　三修
◉主な行事　春5月3日・秋11月3日：伊吹火祭り
◉拝観料　無料
◉御朱印受付　不在時用御朱印紙あり　冬期は山麓の発心堂へ

㉟ 大峯山《おおみねさん》 龍泉寺《りゅうせんじ》

奈良県吉野郡天川村洞川494　〒638-0431

☎0747・64・0001　ホームページ：http://www.oominesan-ryusenji.jp/

地図P180

龍泉寺が伽藍を構える洞川《どろがわ》は、古くから大峯山の門前町として栄えてきた。近年は温泉郷としてもにぎわい、旅館や民宿、食事処、陀羅尼助をはじめとする土産物店が軒を連ねている。大峯山護持院のひとつである龍泉寺は、旅館街の裏手、山上川の北側に位置する。

役行者が大峯山で修行のおり、山麓の洞川で岩場から湧出する泉を発見し、八大龍王を祀って水行を修したのが寺の始まりと伝えられている。水の湧き出し口は「龍の口」と呼ばれ、龍王の住む泉の寺ということから龍泉寺と名づけられた。境内には今も清らかな湧水がたたえられており、大峯山第一の水行場となっている。洞川から山上ヶ岳へ登拝する修験者は、宗派を問わず龍泉寺で水行し身を清め、八大龍王に道中安全を祈念する慣わしだ。

寺の中興、理源大師ゆかりの伝承もある。龍泉寺開山からおよそ200年後、寺の上流にある蟷螂ノ窟に雌雄の大蛇が住みつき、人々に害をなして寺は衰退した。この地を訪れた理源大師聖宝は法力をもって大蛇を退治し、寺を再興したという。

龍泉寺水行場

明治の神仏分離令、修験道廃止令の法難を乗り越えた当寺は、昭和21年の洞川大火によってほとんどの堂塔を焼失した。昭和35年には伽藍が整い、女人禁制も解かれて、女性修験者の水行場である龍王の滝が整備された。

龍泉寺には3つの門があり、中央に総門、その西と東に冠木門様式の2つの修験門がある。朱塗りの総門をくぐると湧水をたたえた龍王池があり、「大峯山第一水行場」「竜の口清浄水」と刻まれた石碑が立つ。池の中の小島からは青銅の役行者像が見守っており、右手には不動明王像も鎮座する。

小さな橋を渡って奥へ進むと、左手に納経所（御朱印受付）、右に神霊殿、本堂が並ぶ。神霊殿には役行者、理源大師等の尊像が安座され、檀信徒物故者の精霊が祀られている。

龍泉寺本堂

左右を前鬼後鬼に守られた本堂は、本尊弥勒菩薩、役行者、弘法大師、理源大師、近畿三十六不動尊の不動明王を奉安する。本堂前の前鬼後鬼像は、役行者像の左右にかしづく5頭身くらいの像とは違い、すらりとした姿で迫力がある。

本堂右手には泉の湧く「龍の口」、その奥には滝行場である龍王の滝がある。龍の口には善女龍王の像が祀られているが、その像容は男神像のようだ。

駐車場の近くの宝形造りは八大龍王堂で、開山役行者により大峯一山の総鎮守として祀られたもの。高野山開創以前に弘法大師が当地に留錫したさい、雨乞いの修法を行ったとの伝承もある。

龍泉寺境内からは裏山の洞川自然研究路に

八大龍王堂

登ることができ、全長120mのかりがね橋（吊り橋）や面不動鍾乳洞から洞川温泉街を見下ろせる。面不動鍾乳洞からは山上ヶ岳の山頂も遠望できる。

◉宗派　真言宗醍醐派　◉本尊　弥勒菩薩
◉創建　白鳳時代　◉開基　役行者
◉主な行事　1月1日：年頭護摩供　1月5日：初弥勒会　2月3日：星祭り節分会　3月1日：交通安全祈祷護摩　3月21日：大師法要　5月3日：大峯山戸開式　6月7日〜9日：三宝院門跡花供入峯　8月2日・3日：洞川行者祭り　9月23日：大峯山戸閉式　9月25日：水子精霊供養法要　10月第2または第3日曜日：八大龍王大祭
◉拝観料　無料
◉御朱印受付　8時〜17時

㊱ 一乗菩提峰《いちじょうぼだいほう》　大峯山寺《おおみねさんじ》

奈良県吉野郡天川村洞川大峯山山上ヶ岳頂上　〒638-0431

☎なし

※御朱印は護持院（東南院、喜蔵院、竹林院、櫻本坊、龍泉寺）でも受けられます。お問い合わせは各護持院へ。

地図P180

修験の山と聞けば、誰もがいちばんに思い浮かべるのが大峯山だ。とはいえ、大峯山という山名の単独の山が存在するわけではない。古くは、吉野川河岸の山麓から山上ヶ岳までを金峯山、金峯山から南の熊野までの連山を大峯山と称した。大峯奥駈道という場合には、吉野から熊野に至る全山の総称となる。今日では、大峯山寺のある山上ヶ岳を単独で大峯山とも呼ぶ。

明治以前、吉野山の金峯山寺と山上ヶ岳の大峯山寺は「金峯山寺」というひとつの修験寺院であった。吉野蔵王堂は「山下の蔵王堂」、山上ヶ岳蔵王堂は「山上の蔵王堂」と呼ばれていたのである。蔵王堂の創建は、役行者が山上ヶ岳で一千日の修行に入り、金剛蔵王権現を感得したことに始まる。蔵王権現は修験道特有の本尊で、怒髪天を衝く忿怒相の荒々しい像容だ。役行者は蔵王権現像を桜の木に刻んで山上と山下の蔵王堂に祀り、山上蔵王堂が現在の大峯山寺となった。

鐘掛岩の上からは役行者像が下界を見下ろしている

山上ヶ岳への登山口は、洞川温泉の旅館街から東へ3km余り進んだ大橋茶屋の駐車場だ。このあたりの標高は910mほどで、標高1719mの山上ヶ岳までの距離は、道標によれば5・1kmとなっている。山上川に架かる清浄大橋を渡り「従是女人結界」石碑が立つ女人結界門をくぐる。今なお女人禁制が守られている山上ヶ岳への登り道は多くの人に踏み固められており迷うことはない。アオバトの神秘的な声が響くなか杉の植林を進み、一ノ世茶屋跡、一本松茶屋、お助け水とたどり、洞辻茶屋へ。ここで吉野からの吉野道・大峯奥駈道に合流するが、植生も変わり深山の趣が深まる。

陀羅尼助茶屋から松清小屋を過ぎると道が二手に分かれる。右の平成新道は下山道とし

大峯山寺本堂

て利用される階段の多い道、左は古来の行者道で、油こぼし、鐘掛岩などの行場が続く。

平成新道と合流しさらに進むと等覚門が立つ。吉野から山上ヶ岳への吉野道といわれる奥駈道には4つの門があり、第一の発心門は金峯山寺手前の銅《かね》の鳥居、第二の修行門は金峯神社下の鳥居、第三の等覚門がここになる。第四の妙覚門はこの先の大峯山寺手前にある。

西の覗を過ぎれば大峯山寺まであとわずか。護持院の5つの宿坊の先で妙覚門をくぐれば、ついに大峯山寺へとたどり着く。山上本堂は江戸前期に再建された寄棟造りの大堂で国指定重要文化財。本尊蔵王権現のほか役行者像も奉安されており、一般に参拝できる行者像のほか、固く閉ざされた厨子のなかに秘密の行者尊が祀られている。

頂上の笹原「お花畑」

本堂正面から少し登れば笹原の「お花畑」が広がり、一等三角点のそばに蔵王権現出現の湧出岩がある。蔵王権現はここから飛び立ち、今は本堂が立つ龍穴に降臨したという。

山上ヶ岳は女人禁制のため、女性は山上ヶ岳西の「女人大峯」稲村ヶ岳へ登拝する人も多い。御朱印は洞川の龍泉寺や吉野の護持院でも授かることができる。

◉本尊　金剛蔵王大権現
◉創建　白鳳時代
◉開基　役行者
◉主な行事　5月3日（未明）：大峯山戸開式　9月23日（未明）：大峯山戸閉式
◉拝観料　無料
◉御朱印受付　平日6時〜16時、土日祝6時〜17時（9月23日〜5月2日は閉山）

役行者霊蹟札所地図

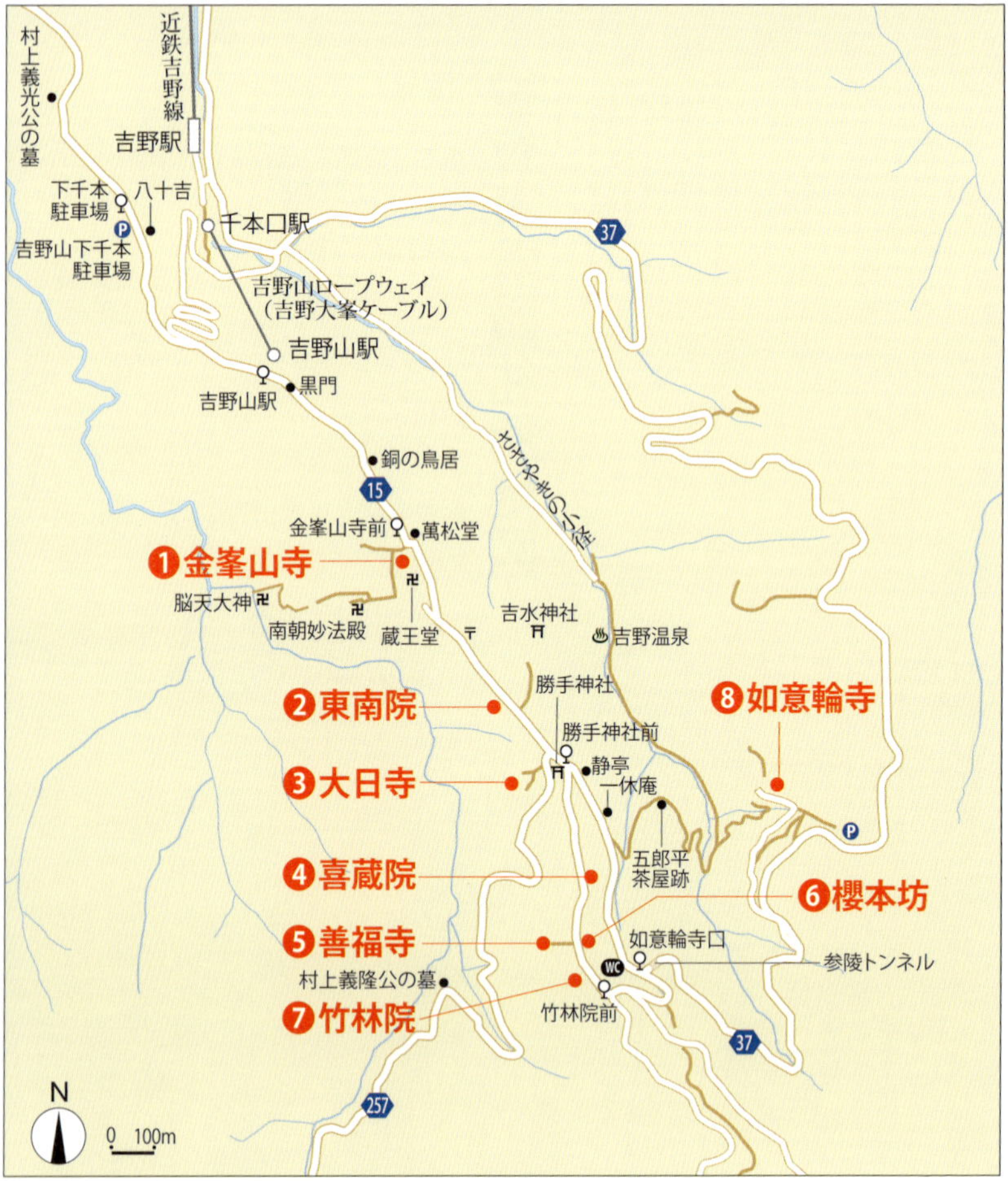

①**金峯山寺**　近鉄吉野線吉野駅から徒歩30分。吉野山駅から徒歩10分。
②**東南院**　金峯山寺から徒歩３分。
③**大日寺**　東南院から徒歩４分。
④**喜蔵院**　大日寺から徒歩10分。
⑤**善福寺**　喜蔵院から徒歩３分
⑥**櫻本坊**　善福寺から徒歩１分。
⑦**竹林院**　櫻本坊から徒歩１分。
⑧**如意輪寺**　竹林院から徒歩25分。近鉄吉野線吉野駅からささやきの小径経由で徒歩35分。

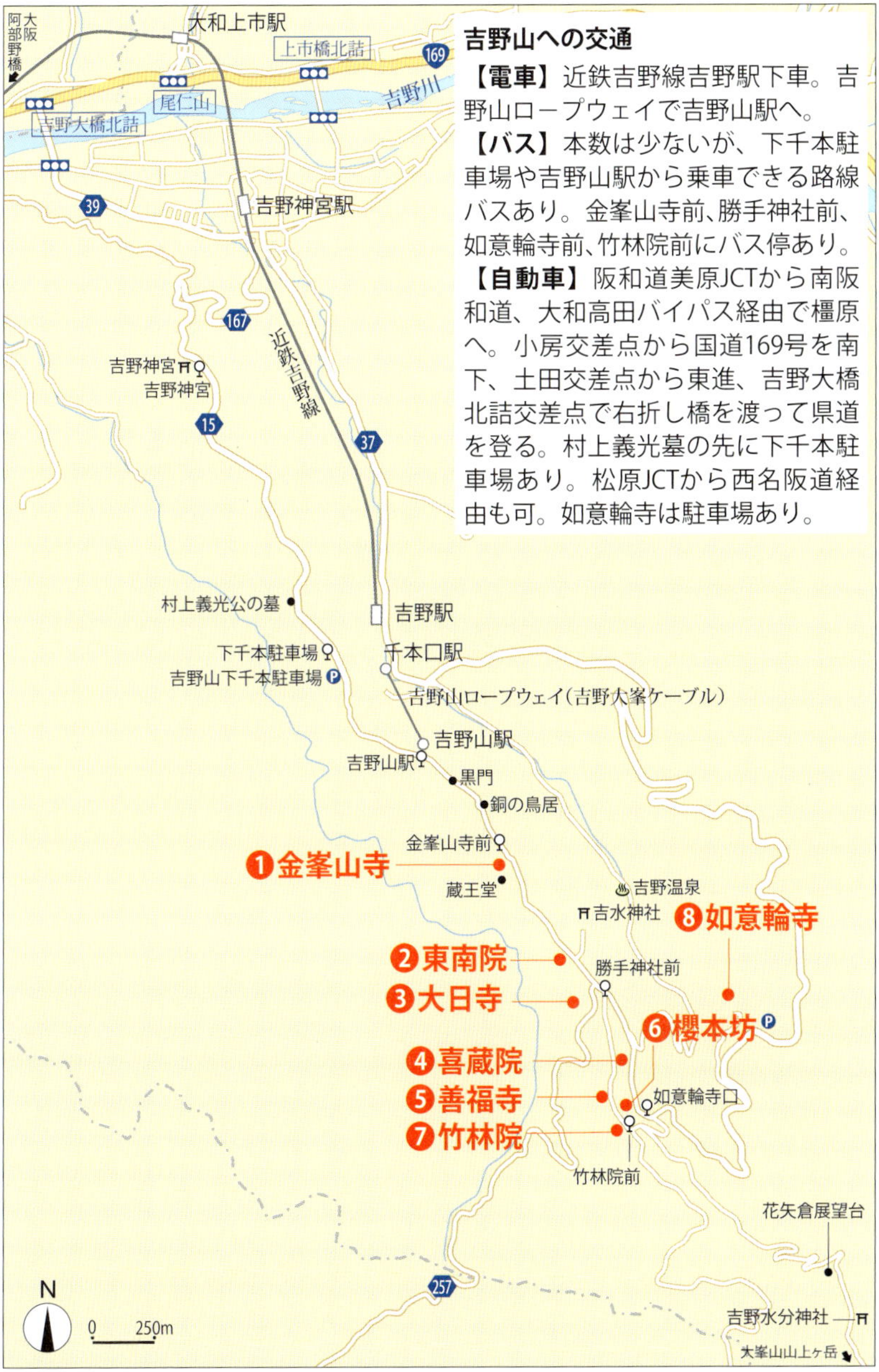

吉野山への交通

【電車】近鉄吉野線吉野駅下車。吉野山ロープウェイで吉野山駅へ。

【バス】本数は少ないが、下千本駐車場や吉野山駅から乗車できる路線バスあり。金峯山寺前、勝手神社前、如意輪寺前、竹林院前にバス停あり。

【自動車】阪和道美原JCTから南阪和道、大和高田バイパス経由で橿原へ。小房交差点から国道169号を南下、土田交差点から東進、吉野大橋北詰交差点で右折し橋を渡って県道を登る。村上義光墓の先に下千本駐車場あり。松原JCTから西名阪道経由も可。如意輪寺は駐車場あり。

⑨吉祥草寺

【電車・バス】JR和歌山線玉出駅下車、北へ徒歩５分。または、近鉄御所線近鉄御所駅から八木行きバスで茅原下車すぐ。近鉄御所駅からタクシーで10分。

【自動車】京奈和道御所ICから本馬交差点を左折、ローソン手前の小川沿いの土道を右に入ると寺の裏に広い駐車場あり。ローソン先の玉出交差点を右折、すぐに地蔵堂で右折すると山門前に出て数台の駐車スペースあり。

⑩菅生寺

【電車】近鉄吉野線大和上市駅からタクシーで10分。

【自動車】国道169号河原屋西交差点（寺の道標あり）から県道28号を北上。信号のない交差点（押しボタン信号のある交差点の手前の交差点）にある寺の道標に従って左折し、突き当りまで直進。ここから右に折れて小川に架かる小さな橋の手前まで進むと、寺の道標があるので、左の道に入る。普通車７台程度駐車可。大型バスは県道沿いに一時停車、徒歩５分。

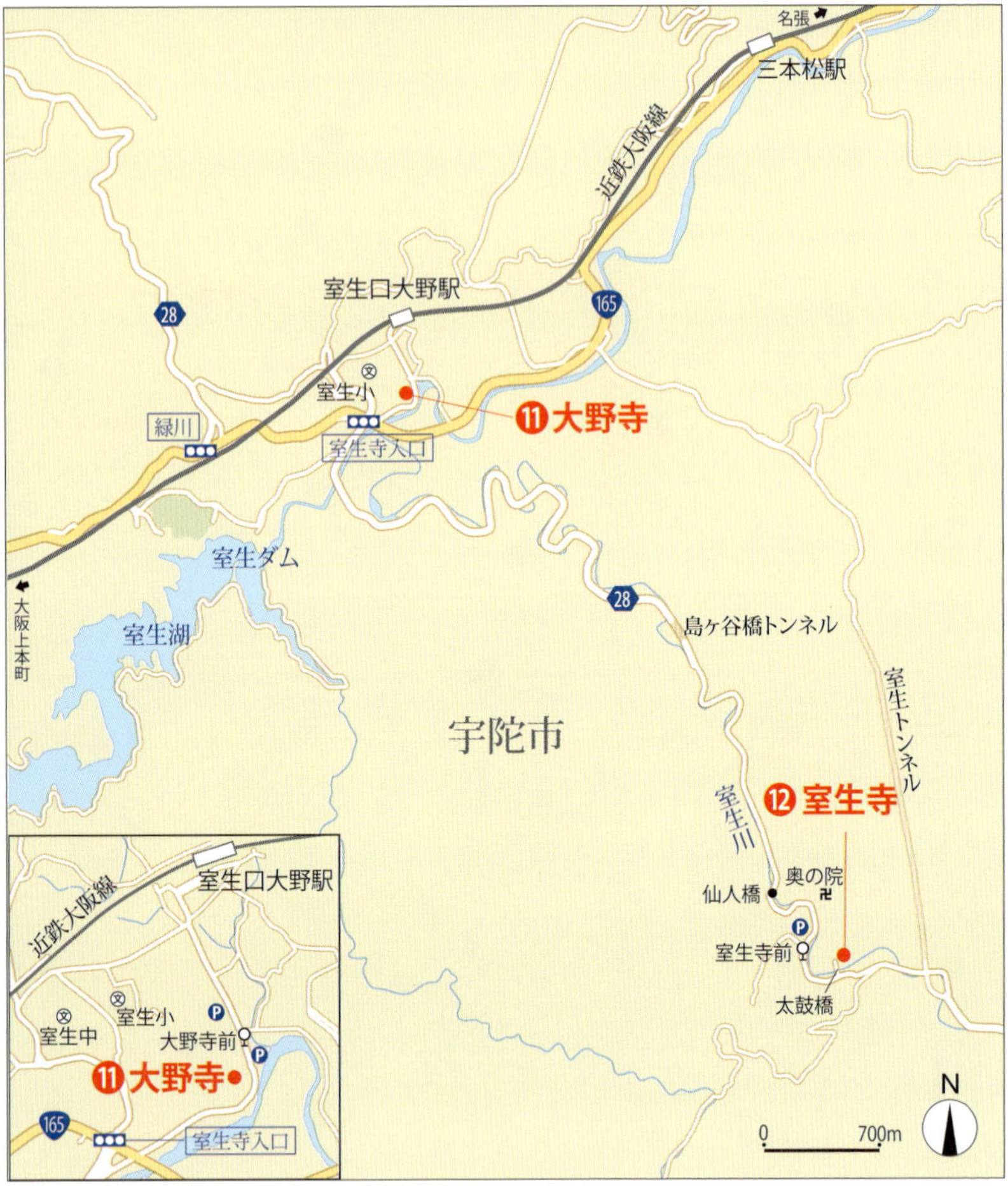

⑪大野寺

【電車】 近鉄大阪線室生口大野駅から徒歩７分。

【自動車】 桜井から国道165号を東進、室生寺入口交差点を右折、すぐに左折し室生川沿いを進む。駐車場数台。観桜期は臨時駐車場あり。

⑫室生寺

【電車・バス】 近鉄大阪線室生口大野駅から室生寺行きバスで室生寺下車、徒歩５分。

【自動車】 桜井から国道165号を東進、室生寺入口交差点を右折し県道28号を６kmほど南下。駐車場100台、普通車600円。

⑬霊山寺

【電車・バス】 近鉄奈良線富雄駅から奈良交通バスで霊山寺下車、徒歩5分。富雄駅からタクシーで7分。

【自動車】 第二阪奈道中町ICより北へ5分。乗用車200台、バス30台の駐車場あり。無料。阪奈道路阪奈三碓交差点から南下、黒谷橋東詰交差点を左折し県道7号を進み霊山寺前交差点を右折してもよい。

⑭松尾寺

【電車・バス】近鉄橿原線近鉄郡山駅からバスで松尾寺口下車、徒歩２km。またはJR大和路線大和小泉駅から徒歩３km。タクシー利用の場合は、山門まで近鉄郡山駅から15分、大和小泉駅から７分。

【自動車】西名阪道大和まほろばSICから15分、郡山ICから25分。駐車場普通車200台可、無料。第二阪奈道中町ICから県道７号経由で南下してもよい。

⑮朝護孫子寺

【電車・バス】 JR・近鉄王寺駅から奈良交通バス信貴山門行きで信貴大橋下車、徒歩５分（駅北口からタクシー13分）。近鉄生駒線信貴山下駅からもバスあり。近鉄信貴線信貴山口駅から西信貴ケーブルで高安山駅へ、さらに近鉄バス信貴山門行きバスで終点下車、徒歩10分。

【自動車】 国道25号三室交差点から西に10分。西名阪道法隆寺ICまたは香芝ICから25分。阪奈道路から信貴生駒スカイライン経由で信貴山門まで40分。駐車場150台、普通車500円。

⑯千光寺

【電車・バス】 近鉄生駒線元山上口駅から緑ヶ丘循環バスで緑ヶ丘北下車、北西に徒歩25分。

【自動車】 第二阪奈道壱分ICから国道168号を南下、東山駅近くの信号で右折し北西方向へ。「信貴山・鳴川」方面を示す標識を過ぎて、標識に従って四ツ辻を右へ。南の香芝方面から向かう場合は、椣原大橋西詰交差点（寺の道標あり）を左折し北西へ道なりに進む。普通車は門前に10台駐車可。大型バスは寺から500m手前の駐車場に３～４台駐車可。

⑰寶山寺

【電車】近鉄奈良線生駒駅下車。鳥居前駅から生駒ケーブルに乗り換え宝山寺駅下車、徒歩10分。

【自動車】第二阪奈道壱分ICから国道168号を北上し、中菜畑１丁目交差点で左折、生駒駅に突き当たって左折し、宝山寺参詣専用自動車道経由で山上へ。専用駐車場完備、無料。京都方面からは、第二京阪道交野北ICで降りて国道168号を南下する。

⑲**興法寺　【電車】**近鉄奈良線石切駅から徒歩40分。**【自動車】**石切駅すぐ南から近鉄ガード下を東にくぐり、砂倉橋まで中型可能。下車後、徒歩15分。大型バスは千手寺から歩くか、信貴生駒スカイライン、料金所より約1km、興法寺の標識のところに停車、徒歩10分。

⑳**千手寺　【電車】**近鉄奈良線石切駅から徒歩5分。**【自動車】**天龍院と同様に「ホテルセイリュウ」看板のある突き当りの信号まで進み、左折して東石切公園を過ぎた6階建のマンションの先で右の道に入る。山門前に駐車場あり。大型バスは石切神社の有料駐車場を利用し、下車後、徒歩8分。

⑱**天龍院　【電車】**近鉄奈良線額田駅から徒歩40分。**【自動車】**西からの最寄りICは阪神高速13号東大阪線水走IC。国道170号（外環状線）被服団地前交差点を東へ、高速の高架沿いに進む。新石切神社前交差点を右折し、東山交差点を左折。「ホテルセイリュウ」看板のある突き当りの信号を右折し、すぐに信号から左の道に入り近鉄ガード下をくぐる。公園の東側の道を南進して四ツ辻を過ぎ、１つ目の道で左の登り坂に入って道なりに天龍院里坊前まで。徒歩20分。大型バスは額田駅裏手に停車するか、ホテルセイリュウの駐車場へ（食事・宿泊・入浴など利用のこと）、徒歩40分。

心寺への標識に従い手前の駐車場へ。駐車場は大晦日・正月のみ有料。

㉓**転法輪寺**　**【電車・バス】**近鉄長野線富田林駅から金剛バス千早ロープウェイ行き、または近鉄長野線・南海高野線の河内長野駅から南海バス金剛山ロープウェイ前行きで終点下車、徒歩10分でロープウェイに乗り、下車後30分歩く。**【自動車】**大阪外環状線（国道170号）を南下、新家交差点左折し国道309号を進む。神山南交差点で右折、森屋交差点で右折し府道705号を金剛山方面へ。登山口、ロープウェイ前ともに有料駐車場あり。大型バス可。

※金剛山ロープウェイは、本書編集時点では運休中となっている。

㉑弘川寺　**【電車・バス】**近鉄長野線富田林駅から金剛バス河内行きで終点下車、徒歩5分。**【自動車】**南阪奈道羽曳野ICから大阪外環状線（国道170号）を南下、新家交差点左折し国道309号を進む。板持トンネルを越えて、佐備神山交差点を左折し、突き当たりの菊水苑前を右折する。大型バスは河内バス停手前まで。太子ICからは南河内グリーンロード経由。

㉒観心寺　**【電車・バス】**近鉄長野線および南海高野線の河内長野駅から南海バス金剛山ロープウェイ行き・小吹台行き・石見川行きで観心寺下車、徒歩3分。**【自動車】**河内長野駅の北から国道310号を東南に4km。大型バスは河内長野駅付近通行不可のため、国道309号板持南交差点を右折、観

㉔松尾寺

【電車・バス】泉北高速鉄道和泉中央駅から南海バス松尾寺行きで終点下車、徒歩５分。

【自動車】阪和道岸和田和泉ICから東へ進み、松尾寺トンネル手前の信号交差点で右折して南下。道なりに進んで宝瓶院の築地塀が見えたら左に折れる。奥へと進むと松尾寺山門へと続く石段があり、左に進むと第一駐車場、さらに進むと春日神社近くに第三駐車場がある。駐車場無料。大型バスは松尾寺バス停を過ぎたあたりまで。

㉕七宝瀧寺

【電車・バス】 南海本線泉佐野駅またはJ R阪和線日根野駅から南海バス犬鳴山行きで終点下車、徒歩25分。バスは１時間に１本程度で、泉佐野駅から35分、日根野駅から25分ほど。

【自動車】 関西空港道上之郷ICを降りたら土丸方面への道標に従い、府道62号経由で南下。犬鳴山バス停周辺に駐車場あり。徒歩で総門まで400m、本堂までさらに900m。犬鳴林道が本堂近くまで通じており、駐車場もあるが、道が狭く対向できない箇所が多いので注意が必要。

㉖根來寺

【電車・バス】 JR阪和線和泉砂川駅または南海本線樽井駅から和歌山バス那賀「近畿大学経由・岩出駅前行き」で根来寺下車すぐ。同駅から「岩出駅前行き」で岩出図書館下車、徒歩10分。JR阪和線紀伊駅、JR和歌山線岩出駅からもバスあり。

【自動車】 阪和道泉南ICから岩出方面へ20分。または、阪和道和歌山JCTから京奈和道に移り、岩出根来ICを降りて右折、岩出根来IC南交差点を左折。無料駐車場（80台）あり。

㉗法樂寺

【電車】JR阪和線南田辺駅から東へ徒歩４分。大阪メトロ谷町線田辺駅から南西へ徒歩10分。大阪メトロ御堂筋線西田辺駅から北東へ徒歩13分。近鉄南大阪線今川駅から西へ徒歩11分。

【自動車】北からは、阪神高速14号松原線駒川IC出口を右折し府道５号を西進、東住吉区役所前右折し北上。田辺小学校のある信号交差点を左折。山門前を過ぎて次の通りを北上すると駐車場（無料）あり。南からは、阪神高速14号松原線文の里IC出口を右折、あびこ筋の昭和町駅前交差点を左折し東進。北田辺６交差点で右折し、田辺小学校のある信号交差点を右折。

㉘清荒神清澄寺

【電車・バス】阪急宝塚線清荒神駅から北へ徒歩15分。日曜日・祝日はJR宝塚駅から定期路線バスあり。

【自動車】中国自動車道宝塚ICから国道176号を西進し、宝塚歌劇場前交差点を右折し北へ約2km。無料駐車場（380台）あり。

㉙須磨寺

【電車】 JR神戸線須磨駅から北へ徒歩15分。山陽電鉄本線須磨寺駅から北西へ徒歩５分。

【自動車】 東からは、阪神高速３号神戸線月見山ICを降り県道21号（旧神明道路）を西進、須磨寺トンネルを出てすぐ左手に無料駐車場（普通車30台、大型バス５台）あり。西からは、第二神明道須磨ICを降り、須磨インター出口交差点を右折。離宮公園前を右折し県道21号（旧神明道路）を西進、須磨寺トンネルを出てすぐ左手に無料駐車場。

㉚**神峯山寺【電車・バス】**JR京都線高槻駅北口ロータリー市バス１番乗り場から高槻市営バス原大橋行きで神峰山口下車、東へ徒歩20分、約1.3km。**【自動車】**新名神高槻ICから府道79号を進み、砕石場前バス停先で神峯山寺看板を左折。次の神峯山寺看板で右折し神峯山寺駐車場へ。60台駐車可。高槻駅方面からは、府道６号を北上し、原立石バス停の先の神峯山寺道標に従い右折。神峯山寺看板で左折し神峯山寺駐車場へ。

㉛**本山寺【電車・バス】**JR京都線高槻駅北口ロータリー市バス１番乗り場から高槻市営バス原大橋行きで神峰山口下車、徒歩1時間20分、約６km。**【自動車】**神峯山寺から北へ４kmで無料駐車場。駐車場から徒歩20分。

㉜聖護院

【電車・バス】 京阪神宮丸太町駅５番または４番出口から東へ徒歩10分。JR京都駅、阪急河原町駅などから京都市バスで熊野神社前下車、徒歩４分。

【自動車】 熊野神社（東山丸太町交差点）から北１つ目の信号を東進。山門内駐車可（５台）。最寄りICは第二京阪道鴨川西IC、名神高速京都東ICなど。

【団体バス】 丸太町通を熊野神社前から東へ100mに停車、北へ徒歩４分。または東大路通を熊野神社から北へ100mに停車、東へ徒歩３分。バスは岡崎公園駐車場バスコーナーへ。

㉝醍醐寺

【電車・バス】地下鉄東西線醍醐駅から徒歩10分。または、京都駅八条口H4乗り場から京阪バス301系統で30分、醍醐寺下車すぐ。JR山科駅、JR六地蔵駅からも京阪バスあり、醍醐寺前下車すぐ。**【自動車】**北からは、外環状線の外環小野交差点の１つ南の信号で左折、醍醐古道交差点で右折し府道36号を南下。醍醐新町交差点で左の旧奈良街道に移る。道沿い左手に醍醐寺有料駐車場入口あり。南から（団体バスも）は、外環状線醍醐高畑交差点から東進し、醍醐和泉交差点を直進、旧奈良街道を左折する。最寄りICは名神高速京都東IC、京都南IC、第二京阪道山科IC、京滋バイパス宇治東ICなど。

㉞伊吹山寺

【電車・バス】JR東海道本線近江長岡駅またはJR北陸本線長浜駅から湖国バス伊吹登山口行きバスで終点下車。山頂まで徒歩約３時間半。JR米原駅と伊吹山頂駐車場を結ぶ伊吹山登山バスもあるが、季節運行で予約優先なので注意。関ヶ原駅からは名阪近鉄バスあり。**【自動車】**国道365号または国道21号（関ヶ原バイパス）から伊吹山ドライブウェイ（普通車3090円）にて山頂駐車場へ。ドライブウェイは４月第３土曜日～11月最終日曜日営業（変更の可能性あり）。※冬期はドライブウェイが閉鎖されるので、伊吹登山口バス停近くの山麓・発心堂が御朱印受付となる。

㉟龍泉寺　洞川温泉バス停から徒歩10分。無料駐車場（20台）あり。
㊱大峯山寺　大峯大橋（清浄大橋）駐車場から山上ヶ岳山頂まで徒歩約３時間。下りは２時間程度。ちなみに、龍泉寺や洞川温泉街から大峯大橋駐車場までは徒歩45分程度。※大峯山開山期間＝５月３日～９月22日
【宿泊】前日に洞川温泉に宿泊して早朝から山上ヶ岳に登るか、午後から山上ヶ岳に登って山上の宿坊に泊まるか、お好みしだい。

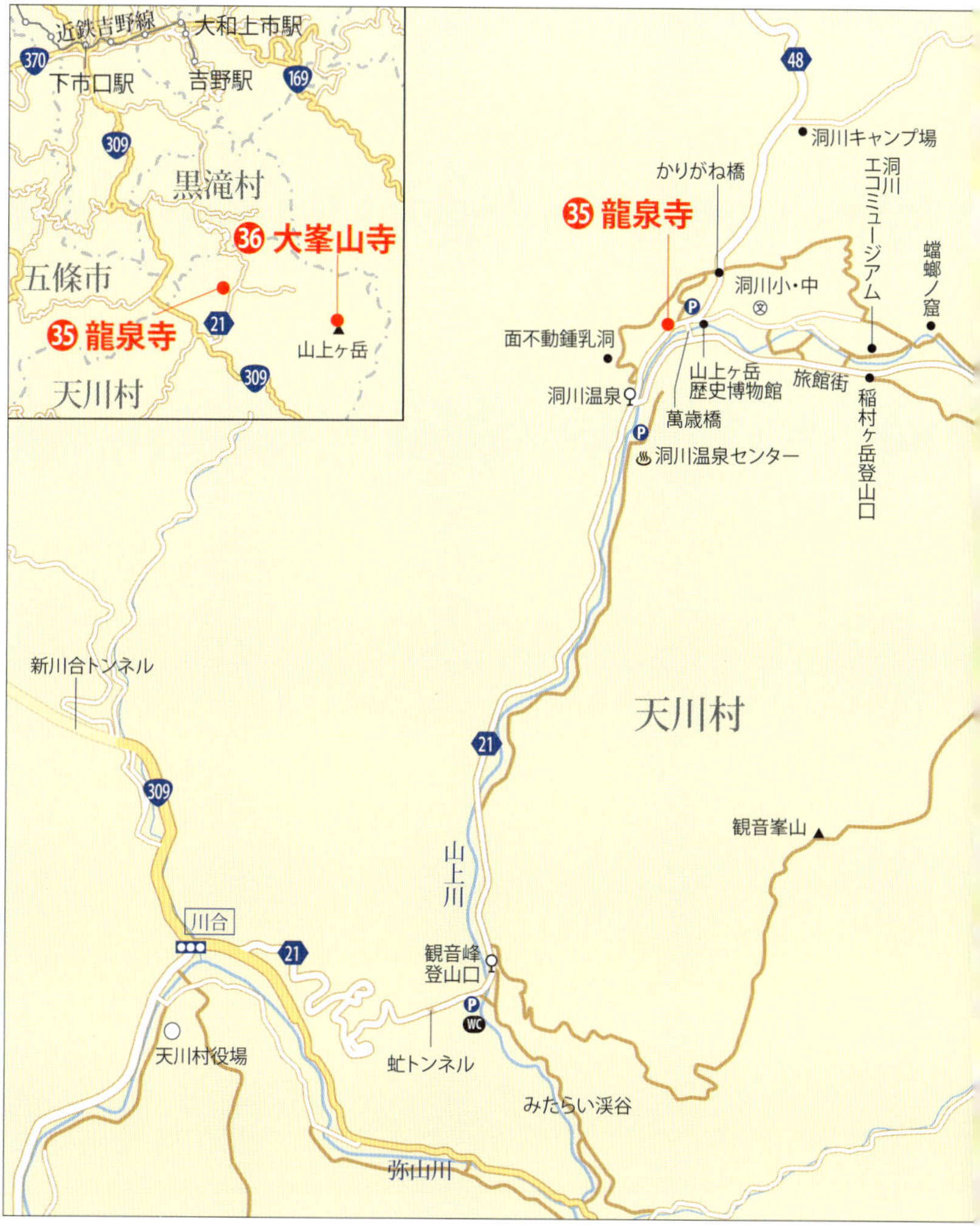

天川村洞川への交通

【電車・バス】 近鉄吉野線下市口駅から奈良交通バス洞川温泉行き（約1時間20分）で終点下車。

【自動車】 京奈和道御所南ICから国道309号を南下し、天川村の川合交差点の先で県道21号に移り洞川温泉郷へ。洞川温泉センターに村営駐車場あり（1時間200円）。大峯大橋前に村営駐車場あり（1日1000円）。

役行者霊蹟札所のめぐり方

●納経（御朱印）について

役行者霊蹟札所巡拝を始めるにあたり、まずは御朱印帳『奉納経』を入手しましょう。『奉納経』は1冊2000円で、金峯山寺や聖護院、醍醐寺など納経所にお寺の方が常駐しているような札所で授かることができます。巡拝を始める場合は、『奉納経』を手に入れることができるか、事前に電話などでご確認ください。

御朱印帳のほか、横長の額装用の仮巻軸、縦長の掛軸用の仮巻軸もあります。納経代（御朱印代）は、御朱印帳の場合、1札所300円となります。仮巻軸は500円です。

役行者霊蹟札所には札所番号はありませんし、お住まいの場所に近いお寺からなど、自由に巡拝を始めることができます。各寺院に付している丸付き数字は、本書でモデルコースとして紹介しためぐり方の順番にもとづいて仮に付けたものです。

役行者霊蹟札所の寺院は、納経所にお寺の方が常駐しているところばかりではありません。不在時用にケースなどが設置されており、墨書朱印された御朱印紙が置いてある寺院もあります。その場合は御朱印代を

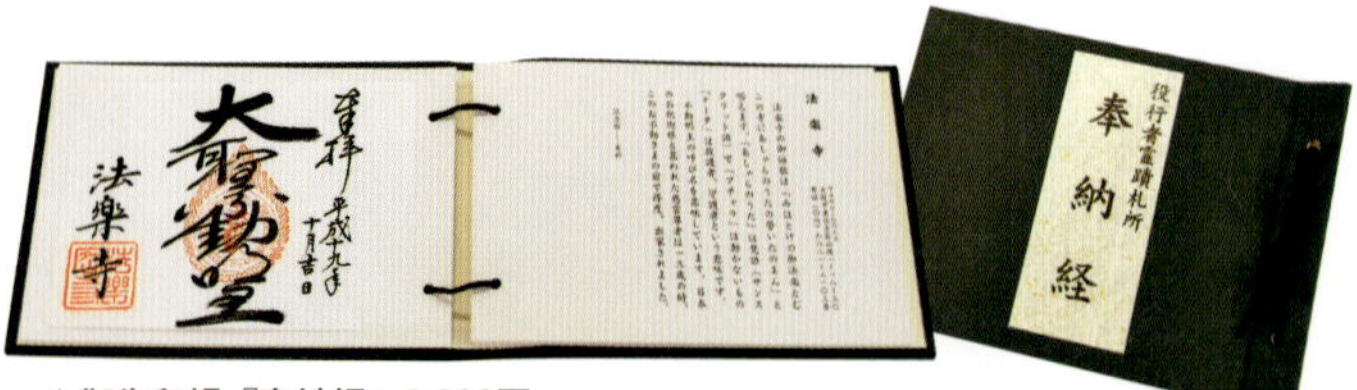

▲御朱印帳『奉納経』2,000円

指定されているところに納め、御朱印紙を授かってください。また、要連絡となっている寺院の場合は、参拝前にご連絡いただくほうが確実です。仮巻軸の場合は直接墨書朱印をいただかなくてはならないので、納経所常駐寺院以外はご連絡いただく必要があります。

▲仮巻軸23,000円
◀宝印譜軸完成見本

◀仮巻軸15,000円
▼宝印譜額完成見本

●交通手段も順番も自由に巡拝を

役行者霊蹟札所は、さまざまなめぐり方ができます。自動車で巡拝することもできますし、電車やバスを利用したり、距離の近い札所を徒歩で回ることもできます。とはいえ、車道の通じていない山上の札所もあり、役行者や修験道にゆかりの霊場ということで、できるだけ歩くことを楽しんでめぐっていただければと思います。ただし、歩くことに困難がある方はその限りではありません。無理をせず、可能な限り自動車を利用してめぐりましょう。

本書に掲載しているモデルコース巡拝日程は、ひとつの例に過ぎません。これを目安とし、居住されている地域や状況に合った独自の巡拝日程を組んでいただければ幸いです。順番にも制約はありませんので、身近な札所から始めることができます。

なお、本書で案内している自動車巡拝での道筋はおおよそのものです。最寄りICなどもお住まいの場所によって変わるので、カーナビを利用し最適な道をお選びください。

●モデルコース巡拝日程

◉1コース：吉野山8ヶ寺（電車＋徒歩）

吉野山ロープウェイ吉野山駅　↓　①金峯山寺　↓　②東南院　↓　③大日寺　↓　④喜蔵院
↓　⑤善福寺　↓　⑥櫻本坊　↓　⑦竹林院　↓　⑧如意輪寺　↓　近鉄吉野線吉野駅

◉2コース：吉祥草寺から東へ室生寺まで（自動車）

京奈和道御所ICなど　↓　⑨吉祥草寺　↓　⑩菅生寺　↓　⑪大野寺　↓　⑫室生寺　↓　名阪国道針ICなど

◉3コース：生駒山東麓4ヶ寺（自動車）

第二阪奈道中町ICなど　↓　⑬霊山寺　↓　⑭松尾寺　↓　⑮朝護孫子寺　↓　⑯千光寺　↓

第二阪奈道壱分ICなど

◉4コース：寶山寺と生駒山西麓3ヶ寺（電車＋徒歩）

生駒ケーブル宝山寺駅　↓　⑰寶山寺　↓　⑱天龍院　↓　⑲興法寺　↓　⑳千手寺　↓　近鉄奈良線石切駅

◉5コース：南河内3ヶ寺（自動車＋徒歩）

南阪奈道羽曳野ICなど　↓　㉑弘川寺　↓　㉒観心寺　↓　府営金剛登山道駐車場　↓　金剛山ロープウェイ　↓　㉓転法輪寺　↓　金剛山ロープウェイ　↓　府営金剛登山道駐車場　↓

南阪奈道美原東ICなど

◉6コース：泉州2ヶ寺と根來寺（自動車）

阪和道岸和田和泉ICなど　↓　㉔松尾寺　↓　㉕七宝瀧寺　↓　㉖根來寺　↓　京奈和道岩出根来ICなど

◉7コース：大阪市内から宝塚、須磨へ（電車＋徒歩）
大阪メトロ谷町線田辺駅など　↓　㉗法樂寺　↓　西田辺駅〈大阪メトロ御堂筋線〉梅田駅〈阪急宝塚線〉清荒神駅　↓　㉘清荒神清澄寺　↓　清荒神駅〈阪急宝塚線〉神戸三宮駅／三ノ宮駅〈JR山陽本線〉須磨駅　↓　㉙須磨寺

◉8コース：北摂の山寺2ヶ寺（電車＋バス＋徒歩）
JR高槻駅〈高槻市営バス〉神峰山口　↓　㉚神峯山寺　↓　㉛本山寺　↓　神峰山口

◉9コース：京都の修験道総本山2ヶ寺（電車＋バス＋徒歩）
京都市バス熊野神社前　↓　㉜聖護院門跡　↓　東山駅〈京都市営地下鉄東西線〉醍醐駅　↓
㉝醍醐寺　↓　京都市営地下鉄東西線醍醐駅

◉10コース：伊吹山山頂へ（自動車）
名神高速関ヶ原ICなど　↓　㉞伊吹山寺　↓　名神高速関ヶ原ICなど

◉11コース：大峯登拝（自動車＋徒歩）
京奈和道御所南ICなど　↓　㉟龍泉寺　↓　㊱大峯山寺　↓　京奈和道御所南ICなど

本書で紹介しているモデルコース巡拝日程は、お住まいの場所にもよりますが、時間的に余裕のあるコースもあります。その場合は、近隣の名所旧跡などに足を延ばしながら、楽しく巡拝していただければと思います。京阪神からの日帰りを想定したコースとなっていますが、京都や神戸の方なら、奈良の2コース・3コースは週末に宿泊して続けて回るほうが、車での往復も1回で済むので楽です。大阪南部から和歌山にかけての5コース・6コースも同様です。

5コースの転法輪寺は、本書編集時点では金剛山ロープウェイが運休しており、運行再開は未定となっています。ロープウェイが利用できない場合は、別に1日とって千早本道などで下から山上まで歩いて登ることになります。

転法輪寺を別日に参拝する場合は、7コースの法樂寺を参拝し、阪神高速14号松原線を経て弘川寺、観心寺とめぐるのも一案です。あるいは、弘川寺、観心寺、泉州松尾寺と回り、宿泊して翌日にゆっくりと七宝瀧寺、根來寺をめぐるのもよいでしょう。

8コースの北摂の山寺2ヶ寺は、足を延ばしてポンポン山山頂まで登るコースとしています。山登りはせずに車で参拝するなら、時間は大いに短縮できるので、10コースなどとともに車で1日でめぐることも可能です。醍醐寺で上醍醐にまで足を延ばさないのであれば、9コースとともに自動車参拝もできるでしょう。7コースの清荒神清澄寺、須磨寺と組み合わせるのも一案です。

本書を参考に、お住まいの地域やお好みの交通手段に合わせ、独自の巡拝日程を組んでいただければ幸いです。

◉1コース：吉野山8ヶ寺（電車＋徒歩）

吉野山ロープウェイ吉野山駅　→　①**金峯山寺**　→　②**東南院**　→　③**大日寺**　→　④**喜蔵院**　→　⑤**善福寺**　→　⑥**櫻本坊**　→　⑦**竹林院**　→　⑧**如意輪寺**　→　近鉄吉野線吉野駅

吉野へのアクセスは、桜の花のシーズンなら公共交通機関を利用しよう。交通規制もあり駐車場近辺は渋滞するので、よほどのことがない限りは電車で訪れよう。最寄り駅の吉野駅には、大阪阿部野橋駅から近鉄吉野線が通じている。京都方面からは橿原神宮前駅で乗り換えとなる。吉野駅からは、吉野山ロープウェイ（吉野大峯ケーブル）で高台の吉野山駅に向かう。人が多く並んでいるようなら歩いて登ってもよい。九十九折のアスファルト道を縫って進む近道もあり、歩きなれた人なら10分～15分で吉野山駅あたりまで登れるだろう。

花見シーズン以外であれば自動車で訪れてもよい。自動車巡拝の場合は、下千本駐車場に車を止め、金峯山寺から竹林寺まで歩いて参拝し、駐車場に引き返して如意輪寺に向かう。如意輪寺には広い駐車場がある。本数は少ないが、下千本駐車場や金峯山寺前から吉野大峯ケーブル運営の路線バスで竹林院まで行き、逆にたどって駐車場にもどるのも一案だ。

吉野山駅からゆるやかな坂を登ると、金峯山寺の総門たる黒門がある。金峯山とは吉野から山上ヶ岳へと続く連山の総称だ。黒門をくぐった急坂の先には発心門の銅《かね》の鳥居が立つ。そばには前鬼後鬼を従えた役行者の石像を祀る行者堂がある。役行者霊蹟札所巡拝の結願を祈念し手を合わせよう。

銅の鳥居の先では道は平坦になり、旅館や土産物店が並ぶ。和菓子の萬松堂までくれば①**金峯山寺**の仁王門は目の前だ。吉野山駅から金峯山寺までは徒歩約10分。境内に入ると、圧倒的な大建築の本堂蔵王堂、右手に観音堂、愛染堂、左手に威徳天満宮、神楽殿が並ぶ。御朱印受付は蔵王堂内にある。天満宮右手の石段を下れば南朝妙法殿、脳天大神への石段降り口には役行者像が鎮座する。

金峯山寺から仁王門とは反対側に下って境内を出ると、柿の葉寿司のお店や食事処が連なる。修験装束などを販売するお店もあり、金剛杖や法螺などが並んで修験霊場のお膝元であることを実感する。この道はすでに山上ヶ岳を経て熊野へと至る奥駈道の一部なのだ。

金峯山寺から3分も歩けば②**東南院**に着く。山門をくぐった正面が役行者を祀る護摩堂、右手の多宝塔には大日如来が奉安されている。境内には当寺で詠まれた芭蕉の句を刻む石碑がある。

銅の鳥居の行者堂

銅の鳥居

旅館や土産物店が並ぶ通りをさらに進み、つくだに大和本舗の向かい、勝手神社の手前で右の道にそれる。すぐに大日寺の案内板があり、それに従って石段を下る。庚申さんの小堂の前を通って奥へと進むと③**大日寺**に到着。東南院から徒歩4分程度。重要文化財の五智如来は見逃せないので、ぜひ本堂内を拝観しよう。

勝手神社前までもどって先へ進むと、道が二手に分かれている。分岐には「後醍醐天皇陵」石碑や「左御陵如意輪寺」道標、「右大峰山上道」石道標などが立つ。竹林院群芳園、櫻本坊、喜蔵院の名を記した宿案内の看板もあり、従って右の宮坂を登る。かなりの急登が続くが、井光神社八幡宮を過ぎればやがて平坦路となり、④**喜蔵院**に到着。大日寺からは登りのきつさを加味して徒歩10分程度。山門前には山上講の石碑や大峯修行三十三度供養塔などが立つ。

喜蔵院の築地塀沿いに進みゆるい坂を登ると、道は再び平坦になる。櫻本坊の築地塀が始まるところですぐに右に折れ、短い坂を下ると、およそ3分で⑤**善福寺**に着く。本堂のすぐ前、庫裏とのあいだから裏に出られ、土道を少し下ると井光出現の井戸跡がある。

旅館や土産物店が並ぶ

勝手神社

⑥**櫻本坊**の築地塀までもどり、仁王門から境内へ。善福寺からは1分ほど。境内は拝観無料だが、有料の堂内や大講堂をぜひ拝観しておきたい。大講堂は落ち着いた瞑想的な空間で、桜の花の季節の眺めは格別だ。仁王門から入って右手、庫裏の手前あたりには、前鬼後鬼を従えた青銅の役行者像が鎮座する。その近くには、大峯奥駈道の七十五靡の名を刻んだ石碑が並び、ミニ奥駈道の様相を呈している。本堂前には大きな鉄下駄が据えられており「役行者厄除健脚下駄」と名づけられている。上に乗って厄除や健脚の祈願をするわけだ。

役行者厄除健脚下駄

櫻本坊から⑦**竹林院**へは徒歩1分。大和三庭園に数えられる群芳園を愛で、高級旅館のような宿坊でくつろぐのも一興。

竹林院前バス停方面に進むと、左手に徒歩専用の石段の下り道が見える。道を下ると中千本バス操車場でトイレなどがある。ここには櫻本坊境内からも下りられ、庫裏の御朱印受付の前を右手に進んで石段を下ると、徳潤門から外に出られる。

ここから⑧**如意輪寺**までは、土道で五郎平茶屋跡を経ても行けるが、本書では迷うことが少ないアスファルト道のルートを案内しよう。車道ではあるが交通量は少なく、観桜期には交通規制もされるので、歩きにくくはない。中千本バス操車場近くの参陵トンネル手前に道標があり、如意輪寺までは1・2㎞と記されている。少々登り坂もあるので、歩行時間25分程度と見ておこう。

コウヤマキの群落（説明板あり）を過ぎてしばらく進むと、カーブの先で左に細いアスファルト道が分岐する。この道も如意輪寺に通じているが、引き続き県道37号を歩く。やがて奈良交通の如意輪寺バス停があり、如意輪寺の道標も立っているので、従って左の道に下りる。如意輪寺の裏山門から入って奥へ進むと、庫裏や本堂が立つスペースに出る。本堂向かいの表山門横には役行者堂が立つ。庫裏右手から入る庭園は有料拝観だが、後醍醐天皇御霊殿や宝物殿が立ち、桜の花の季節は中千本の眺望が素晴らしい。本堂裏手の石段を登ったところには後醍醐天皇塔尾陵がある。

これで、1コースの吉野山8ヶ寺めぐりは終了となる。あとは如意輪寺表山門から石段を下り、ささやきの小径で近鉄吉野駅へ向かうだけだ。30分程度の歩行時間を見ておこう。如意輪寺からの下りは桜の木が多く、観桜期でも比較的人の少ない穴場となっている。

ささやきの小径

参陵トンネル

◉2コース：吉祥草寺から東へ室生寺まで（自動車）

京奈和道御所ICなど　→　⑨**吉祥草寺**　→　⑩**菅生寺**　→　⑪**大野寺**　→　⑫**室生寺**　→　名阪国道針ICなど

始めに訪れる⑨**吉祥草寺**へは、西からは南阪奈道、大和高田バイパスなどを利用する。北や南からは京奈和道などを経由し、御所ICが最寄ICとなる。御所ICを降りたら右折し、すぐに本馬交差点で左折する。緑町交差点を過ぎると、右手に小川沿いの土道があり、ここを右折して入ると吉祥草寺の裏手に広い駐車場がある。

土道を見過ごして通り過ぎたら、玉出交差点で右折し、茅原バス停のある地蔵堂（笠堂）で右の道に入ればよい。直進すれば吉祥草寺の山門があり、門前に駐車スペースがある。「役行者誕生所」の札が掛かる山門の右手には、鎮守の熊野神社の鳥居が立つ。熊野神社の社殿のそばには役行者産湯の井戸があり、役行者腰掛け石も神社の敷地内にある。

山門をくぐった正面に立つのは五大明王を祀る本堂、左手には観音

地蔵堂（笠堂）

堂が立つ。本堂は堂内で参拝できる。本堂と観音堂のあいだを左に進めば御朱印受付のある庫裏があり、庭にはキチジョウソウが植えられている。吉祥草寺には役行者にちなんだ役小角奈《えんのおづな》、役追儺《えんのついな》というキャラクターがおり、キャラクターの御朱印授与も行われている。

続く⑩**菅生寺**へは、玉出交差点から南下、あるいは東進する。東進するなら県道１１８号を進み、曽我川を渡って郡界橋東詰を右折し、県道35号、国道１６９号を経て南下する。途中、道の駅吉野路大淀ｉセンターがあるので立ち寄ってもよい。

道の駅の先から県道２２２号を東進してもよいが、国道１６９号を土田交差点まで南下し、左折して吉野川沿いを進むことにする。吉野大橋を過ぎ、近鉄吉野線の下をくぐって桜橋北詰交差点まで来たら、そろそろ国道を離れる準備をしておこう。ローソンの手前の河原屋西交差点で左折し県道28号を進み続け、県道37号との分岐を過ぎると、やがて右手に菅生寺の道標が見えるので、これに従って左折する。ここには信号はない。左折した道を突き当りまで行き、右折して道なりに進むと、小さな川がある。川を渡らずに道標に従って左の細道に入

道の駅吉野路大淀ｉセンター

菅生寺の道標がある交差点で左折

れば、菅生寺にたどり着き、山門前に普通車７台程度の駐車場がある。大きな車は通行困難だ。

山門をくぐると右手に御朱印受付のある庫裏、正面に本堂が立つ。本堂裏のミニ八十八ヶ所は短時間でめぐれる気持ちのよい山道だ。

次の⑪**大野寺**へ行く前に、近くの吉野運動公園で休憩するのもよい。駐車場も広く、津風呂湖をめぐる散策路がある。

県道28号を東進、三茶屋交差点で左折し国道３７０号を北上する。道の駅宇陀路大宇陀から国道１６６号に変わるが、さらに北上を続け、どこかで国道１６５号に合流して東へ向かう。緑川交差点を過ぎて近鉄大阪線の高架下をくぐり、室生寺口交差点で右折するが、すぐに左折して室生川沿いを進む。寺の近くに数台分の駐車場があるが、観桜期には広い臨時駐車場が設けられる。

山門を入ると右手に庫裏、その奥に本堂が並ぶ。本堂向かいあたりの礼拝所からは対岸の弥勒磨崖仏が遥拝できる。

来た道をもどって県道28号を南下し⑫**室生寺**へ向かう。道なりに進めばよいので迷うことはない。仙人橋を過ぎると県道沿いに寺の有料

道の駅宇陀路大宇陀には足湯がある

大野寺礼拝所から弥勒磨崖仏を遥拝

駐車場があり、その先にもいくつか民間の有料駐車場がある。

食事処橋本屋と橋本屋旅館のあいだから朱塗りの太鼓橋を渡り、右に進んで参拝受付へ。その先には御朱印受付の納経所があり、仁王門をくぐって石段を登ると、正面に国宝の金堂、左手に重文の弥勒堂が立つ。さらに登ると国宝の本堂（灌頂堂）、国宝の五重塔が甍を並べ、急勾配の長い石段を登った先には奥之院がある。奥之院には重文の御影堂のほか、常燈堂（位牌堂）や七重石塔がある。

2コースはこれで終わりだが、京都や神戸からなら1泊して続けて3コースをめぐるとよい。奈良までの往復を一度で済ませることができる。太鼓橋のたもとの橋本屋旅館は写真家土門拳の定宿で、山菜料理が名物だ。

奥之院への石段

橋本屋旅館

◉3コース：生駒山東麓4ケ寺（自動車）

第二阪奈道中町ICなど　→　⑬**霊山寺**　→　⑭**松尾寺**　→　⑮**朝護孫子寺**　→　⑯**千光寺**　→　第二阪奈道壱分ICなど

⑬**霊山寺**へは、第二阪奈道や阪奈道路などを経由して向かう。霊山寺前交差点から富雄川沿いをさかのぼり、すぐに橋を渡って対岸に移ると広い駐車場がある。駐車場の奥に拝観受付があり、パンフレットがもらえるので、地図を見ながら広い境内を歩こう。入ってすぐ右に進めばバラ庭園、鳥居をくぐり奥へ進めばレストラン仙人亭や薬師湯殿、国宝の本堂をはじめとする堂塔が立ち並ぶ。奥之院まで参拝するとかなりの距離があるので、時間に余裕をもってめぐりたい。

⑭**松尾寺**へは、霊山寺前交差点までもどって富雄川沿いの県道7号などを南下する。小泉交差点などで右折し県道9号を西進、途中で県道123号に移れば、あとは山上の松尾寺まで道なりに進めばよい。北惣門前まで来れば駐車場があり、門前の駐車場がいっぱいでも、そ

霊山寺入口に立つ鳥居

富雄川を渡ると霊山寺の広い駐車場

の上にも駐車場がある。北惣門から石段を登れば重文の本堂があり、役行者を祀る行者堂、阿弥陀堂、七福神堂、三重塔などが並ぶ。山上の松尾山神社や南惣門まで足を延ばそう。

⑮**朝護孫子寺**へは、来た道をもどって松尾寺口バス停近くで県道123号を離れ、右の道に進む。小泉出屋敷交差点で右折し、国道25号に出合って西進。竜田大橋交差点を直進するか、三室交差点で右折し、県道236号経由で朝護孫子寺へ。信貴大橋を過ぎれば右手に有料の第一駐車場があり、その先には第二駐車場がある。信貴大橋を渡ったところにも民間の有料駐車場多数。

朝護孫子寺の境内は広く、堂塔も数多いので、第一駐車場近くの信貴山観光iセンターでパンフレットの地図を入手してから回ろう。信貴山山頂の空鉢護法堂まで登るとかなりの時間を要する。

見逃しがちなのが開山堂だ。「世界一福寅」(巨大な張り子の寅)の手前の鳥居からも登れるが、玉蔵院向かいからも細道が通じている。堂の正面には聖徳太子の額、裏には弘法大師の額が掛かる。うねるような奇岩あるいは縄文杉の幹のような立体を取りまくように、四国八

朝護孫子寺開山堂

松尾寺北惣門

十八ヶ所御本尊が祀られ、信貴山開基聖徳太子、宗祖弘法大師、中興開山命蓮上人、歓算上人が四面に鎮座するさまは圧巻だ。堂内を一周してお砂踏みもできるようになっており、他に類を見ないミニ四国霊場にもなっている。

朝護孫子寺参拝を終えたら開運橋を渡り、蓬乃里で食事をとるのもよい。そばや湯豆腐膳などの和食を眺めのよい部屋でいただける。蓬乃里や信貴山観光ホテルのレストランで食事すると、ホテル内の天然温泉で日帰り入浴もできる（有料）。

⑯千光寺へは、県道236号を1km程度もどり、左に折れて信貴フラワーロードに移る。信貴フラワーロードを北上し、平群野菊の里斎場を過ぎると、千光寺の道標があるので従って左の道に入る。途中に駐車場があるが、総門の先にも駐車場があり、道は狭いが寺のすぐ下まで普通車で登ることができる。表門をくぐると左手に母公堂や庫裏、さらに石段を登ると観音堂、大師堂、行者堂などが並ぶ。

帰りは第二阪奈道壱分ICなどから。

蓬乃里

千光寺への登り道にあるゆるぎ地蔵

◉4コース：寳山寺と生駒山西麓3ヶ寺（電車＋徒歩）

生駒ケーブル宝山寺駅→⑰寳山寺→⑱天龍院→⑲興法寺→⑳千手寺→近鉄奈良線石切駅

　このコースは生駒山の山道を歩くため、本書の地図だけでは慣れていない人は迷ってしまう心配がある。ぜひとも『いこいこマップ』（生駒山系広域利用促進協議会編）を入手してほしい。販売価格は700円で、大阪市内などのアウトドアショップで販売されており、郵送申込みもできる。詳細は「いこいこマップ」で検索しホームページを参照していただきたい。生駒山系は役行者修行の地であり、このコース以外にもゆかりの地がいくつも存在する。役行者霊蹟札所である⑮朝護孫子寺や⑯千光寺も、『いこいこマップ』があれば歩いて巡拝するプランが立てられる。

　とはいっても、『いこいこマップ』にも天龍院（長尾の滝）へのコースそのものは掲載されていない。生駒山上遊園地～額田駅間のハイキングコースから途中で逸れなければならないが、現地に道標がある

生駒ケーブルの「ミケ」

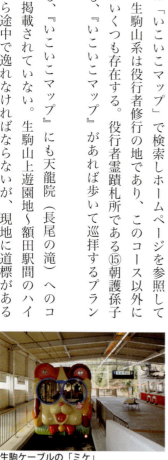

のでそれほど迷うことはないだろう。国土地理院の地形図には道が掲載されているので、『いこいこマップ』と併用すればよりわかりやすい。

近鉄奈良線生駒駅の中央改札口を出たら左に向かい、2階のデッキを進めば、3分ほどで生駒ケーブルの鳥居前駅に着く。宝山寺駅までは、「ブル」と「ミケ」という犬型と猫型の車両が運行されており、所用時間は5分程度。宝山寺駅を出ると「聖天通り 観光生駒」のゲートがあり、くぐって広い道の石段を登る。石鳥居を過ぎれば右手に⑰**寶山寺**の駐車場があり、さらに登れば般若窟の巨岩を背景に本堂、聖天堂などが立つ。本堂より高いところにも数々の堂塔が並び、最高所の奥之院まで続いている。奥之院への登りの途中には大師堂があり、その下からは梅屋敷駅を経て生駒山上への道が通じている。梅屋敷駅からはケーブルでも生駒山上駅まで行ける。登山道は土道ではなく、自然石をコンクリートで固めた石畳のような道なので、比較的歩きやすい。

生駒山上駅まで登ると、目の前には生駒山上遊園地が広がっている。遊園地は入園料不要なので自由に入ることができる。正面入口から入

生駒山上への登り道

聖天通りのゲート

り、電波塔の立つ方向へ進んで南入口から出る。直進すると土道になり、桜の木があるところで右に道が分かれている。府民の森あじさい園や摂河泉コースに通じる右の道を選ぶ。

信貴生駒スカイラインの下をくぐり、かなりの急坂を下っていくと、やがて生駒縦走歩道（舗装路）との立体交差に達する。このあたりにはいくつもの道標が立っているが、「摂河泉展望ハイキングコース」や額田駅、枚岡駅への道標を頼りに下り続ける。左に暗峠への分岐があるあたりに、右へ逸れる長尾の滝への道標がある。これに従って右の道に入って進み続けると、やがて金属の手すりが設置された道となり、「慈雲尊者住山　雙龍庵遺址」石碑や慈雲尊者座禅石があり、⑱**天龍院**の境内が下に見える。境内で水しぶきをあげる滝は長尾の滝の雄滝で、境内から少し下ると雌滝が白糸を垂らしている。

天龍院からはもとの道を引き返し、生駒縦走歩道との立体交差までもどる。登り返すのがきついと思うかもしれないが、20分程度とそれほど時間はかからない。山下から天龍院や興法寺に登ることを思えば、かなり楽をすることになる。

立体交差の道標

桜の木の分岐点で右の道へ

立体交差からは舗装された生駒縦走歩道を歩き、府民の森ぬかた園地方面へ進む。ぬかた園地はアジサイの花の名所として知られ、花の季節には大勢の見物客でにぎわう。園内の案内板地図を見ながら「あじさいカスケード」(木の階段)を登り府民の森くさか園地方面へ進む。石の休憩広場あたりに来ると、大阪方面の視界が開け気持ちがよい。

この先からは「辻子谷ハイキングコース」や石切駅の道標を目印に進む。舗装路を何度か横切って下り、小さな池の下でまた舗装路を横切ると、ここからは急な下りとなり、まもなく⑲**興法寺**山門前の石鳥居が見える。立体交差から興法寺までは50分程度。

興法寺からの下りはかなり急で、登るときつそうだ。砂倉橋の先で坂はだいぶゆるやかになり、道沿いに辻子谷水車郷が見える。一番大師堂まで下れば⑳**千手寺**も近い。近鉄奈良線の下をくぐると、「石切参道 ようこそ石切さんへ」の文字が掛かるゲートが見える。くぐって直進すると、左手に千手寺の寺標と小堂があり、奥へ進むと千手寺の裏門、さらに進むと駐車場の向かいに山門がある。帰りの石切駅は近い。余裕があれば石切神社まで足を延ばしてもよい。

小堂のあいだから千手寺へ

ぬかた園地

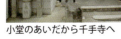

◉5コース：南河内3ヶ寺（自動車＋徒歩）

南阪奈道羽曳野ICなど　↓　㉑弘川寺　↓　㉒観心寺　↓　府営金剛登山道駐車場　↓　金剛山ロープウェイ　↓　㉓転法輪寺　↓　金剛山ロープウェイ　↓　府営金剛登山道駐車場　↓　南阪奈道美原東ICなど

㉑**弘川寺**へは、南阪奈道の羽曳野ICや太子ICなどで降りる。羽曳野ICからは外環状線（国道170号）を南下し、新家交差点で左折し国道309号を東進。板持トンネルを越えて、佐備神山交差点を左折し、突き当たりの菊水苑前を右折する。突き当りまで行かず手前の信号で右折すると、総合運動場・白木山公園方面へ向かう広い道を通れるので、こちらのルートのほうが運転はしやすい。太子ICからは南河内グリーンロード経由となる。

寺が近づき府道から左の道に入るところには道標が立っている。ゆるやかな坂を登るとすぐ左手に弘川寺の駐車場があるが、この先にも駐車場はあるので、混雑しないシーズンなら先に進もう。境内入口の石段そばにも駐車場があり、さらに上にも駐車場が設けられている。

弘川寺西行庵趾

弘川寺の境内は、本堂や護摩堂などが立つエリアと、本坊や西行記念館がある西側の一段低いエリア、本堂右手から登る西行堂や桜山遊歩道のある山側のエリアがある。

㉒観心寺へは、来た道をもどって国道３０９号の板持南交差点を左折し府道２０１号を南下する。二股の道の手前に観心寺の道路標識があるので、従って右の道に進み、国道３１０号に突き当たって左折すると、すぐに観心寺の駐車場がある。この先の山門そばにも駐車場があるので、混雑期でなければ先へ進もう。山門をくぐれば、国宝の金堂や重文の建掛塔など貴重な建造物が見られ、季節の花にも恵まれている。

㉓転法輪寺へは、国道３１０号を南下し、小深で左の府道２１４号に移る。新千早トンネルを抜けたら府道７０５号を右に向かい、ロープウェイ前の府営駐車場（有料）へ。千早駅から金剛山ロープウェイで金剛山駅まで上がり、転法輪寺までは30分～40分ほど歩く。香楠荘やちはや園地経由の道と、そうでないルートがあるが、初めての人にはちはや園地経由の方がわかりやすいだろう。香楠荘は食事や宿泊が

観心寺山門そばの駐車場

観心寺の星塚

でき、宿泊者はロープウェイ千早駅そばの無料駐車場が利用でき、ロープウェイ半額の特典もある（本書編集時点では休館中）。

本書編集時点では、金剛山ロープウェイは運休中となっており、再開の時期はわからない。ロープウェイが利用できない場合は、別に1日とって、バスや車でロープウェイ手前の登山口まで行き、千早本道というメインの登山道を登ることになる。コースタイムは登りで1時間30分くらいになっているが、健脚なら1時間足らずで登ることもできる。

歩いて登るなら、バス道の登山口から5分ほど下って、千早川沿いの地蔵堂にお参りしよう。ここには十三仏の第一尊不動明王が祀られており、山頂までの登山道沿いに十三仏の石仏が据えられている。江戸前期に造立されたもので歴史がある。

金剛山は回数登山の山で、毎日登る人もおり、さびしい山歩きとはならない。まず、迷うことはないだろうが、登山地図や靴などそれなりの準備はして登拝しよう。

千早本道

香楠荘

◉6コース：泉州2ヶ寺と根來寺（自動車）

阪和道岸和田和泉ICなど → ㉔松尾寺 → ㉕七宝瀧寺 → ㉖根來寺 → 京奈和道岩出根来ICなど

このコースは大阪南部から和歌山県岩出市まで足を延ばすことになる。京都や神戸にお住まいの方なら、5コースのあとに宿泊して6コースを回るほうが楽なので、週末などに2日続けてめぐるとよい。

㉔**松尾寺**へは、阪和道岸和田和泉ICを降りて府道230号を東進する。春木北交差点を過ぎたら、次の信号で右折し、松尾寺中バス停の分岐で右の道に進む。前方に大きなクスノキが見えたら、そこが松尾寺バス停で、バスがUターンできるようになっている。さらに進むと前方に宝瓶院の白壁の塀がある四ツ辻に至り、右には赤い欄干の惣門橋、左に進めば松尾寺の石段に突き当たる。石段下から左に進めば、すぐに松尾寺の第一駐車場がある。さらに奥に進めば、春日神社近くに第三駐車場もあり、松尾寺金堂には近いが、できれば第一駐車場に

松尾寺バス停のクスノキ

止めて石段を登り、山門をくぐって境内に入りたい。第一駐車場近くには心庵という雰囲気のよい和食店があり、品数豊富なランチセットのほかカフェメニューもある。

石段を登れば途中に首堂、さらに登って山門をくぐると、左手に念仏堂、寿老人堂、右手に宝物殿が並ぶ。境内奥へと進むと一段高い場所に、金堂、三天堂、本坊、不動堂などが立つ。不動堂からさらに進むと鎮守の春日神社が鎮座し、近くに第三駐車場がある。春日神社裏手には松尾寺公園があり、森のなかの散策路沿いにミニ西国霊場の石仏が並んでいる。

㉕**七宝瀧寺**へは、阪和道経由でも行けるが、下道でもそれほど時間はかからない。外環状線（国道170号）などを経由して府道62号を南下し、上大木交差点まで来れば犬鳴山温泉も近い。「犬鳴山不動尊本堂」道標が左へ導く橋があるが、この先の犬鳴林道は狭いので注意が必要。府道62号をさらに進むと犬鳴山バス停付近にいくつもの温泉宿が立ち、有料駐車場も数ヶ所ある。ここに車を止めて渓流沿いの道を30分ほど歩けば、七宝瀧寺にたどり着く。

犬鳴山塔の滝

心庵のランチセット

始めは舗装路が続き、公衆トイレがある最後の駐車場を過ぎると、「名勝犬鳴山」の石碑が立つ総門に迎えられる。橋を渡ってしばらく進むと、迎えの行者尊の石像があり、奇岩や滝が続く。「瑞龍門」の額が掛かる赤い山門をくぐると。橋の手前で資料館・白雲閣との分岐があるが、渡って本堂方面へ進む。塔の滝、義犬の墓を過ぎると観音堂があり、近くに犬鳴林道経由の駐車場がある。大きな不動明王像が立つ護摩場の先で石段を登ると本堂。本堂奥から裏に出ると赤い清瀧堂が立ち、その奥には行者ヶ滝が水しぶきを上げ、役行者像が鎮座する。

㉖**根來寺**へは、府道62号を南下して紀の川IC手前の信号で右折する。道なりに西へ向かい、緑化センターを過ぎてしばらく進むと道路標識があり、右手に根來寺の広い無料駐車場が見える。根來寺の境内は広いので、入山受付でもらえるパンフレットの地図を見ながら回ろう。覚鑁上人茶毘所跡の菩提院や大門は離れたところにあるので見逃さないように。菩提院そばには、古民家カフェレストラン初花があり、和食中心の食事もできる。

帰りは岩出根来ICなどから。

古民家カフェレストラン初花

根來寺大門

◉7コース：大阪市内から宝塚、須磨へ（電車＋徒歩）

大阪メトロ谷町線田辺駅など　↓　㉗**法樂寺**　↓　西田辺駅〈大阪メトロ御堂筋線〉梅田駅〈阪急宝塚線〉清荒神駅　↓　㉘**清荒神清澄寺**　↓　清荒神駅〈阪急宝塚線〉神戸三宮駅／三ノ宮駅〈ＪＲ山陽本線〉須磨駅　↓　㉙**須磨寺**

このコースでは、大阪市東住吉区の1ヶ寺と兵庫県の2ヶ寺を電車で回ることにしているが、㉗**法樂寺**は阪神高速14号松原線の駒川ICや文の里ICも近く、5コースや6コースの大阪南部の札所めぐりと組み合わせて自動車で巡拝するのも一案だ。松原ＪＣＴで近畿道に移り、南阪奈道や阪和道に連絡できる。駐車場も完備されており、寺の西側と北側に参拝者用の駐車場がある。

法樂寺を電車で訪れるなら、大阪メトロ谷町線、御堂筋線、ＪＲ阪和線、近鉄南大阪線と選択肢は多い。山門をくぐれば正面に三重塔、左手に大師堂、三重塔の背後には本堂が立つ。本堂左手にはリーヴスギャラリー小坂奇石記念館、右手には庫裏が甍を並べ、樹齢８００年の大楠の樹下には楠大明神の祠や水かけ不動尊が鎮座する。

法樂寺の水かけ不動尊

法樂寺からは西田辺駅へ向かい、大阪メトロ御堂筋線で梅田へ。梅田からは阪急宝塚線に乗り清荒神駅で降りる。駅から㉘**清荒神清澄寺**へは北へ徒歩15分ほどで、参道沿いには名物を売る土産物店や食事処が並ぶ。おすすめは末廣の鯖寿司とうどん・そば、小やきやの小やき（あんこ入りの饅頭）など。

駐車場を過ぎると参道に露店が並び、山門をくぐって境内へ。参拝順路の札が立っているので、天堂から順に参拝する。本堂前の石段を下って左に折れて裏手に回ると、鉄斎美術館や龍王瀧がある。石段下のすぐ右手には無料の史料館、山門手前には無料休憩所の付いた売店があり、清荒神まんじゅうや清荒神せんべいがお土産になる。

清荒神駅にもどり、阪急宝塚線で神戸三宮駅へ、三ノ宮駅からJRに乗り換えて須磨駅へ。須磨駅から㉙**須磨寺**へは徒歩15分程度。須磨駅前交差点で右に折れ、千守交差点からは山陽電車の高架下をくぐらずに線路沿いの道を北東に進む。信号のところに「須磨楽歩」の道標があるので、従って左の細道に入る。道標では須磨寺まで0・4㎞となっている。須磨寺駅の踏切を渡り須磨寺前商店街の門をくぐると、

お土産の清荒神まんじゅう

清荒神参道の露店

道沿いには名物大師餅のお店や喫茶店、食事処などが並ぶ。商店街の北門をくぐり信号を渡って直進すると、右手に亜細亜万神殿があり、アジアの神仏が一堂に祀られている。龍華橋を渡り仁王門をくぐると左手に源平の庭、傍らの宝物館には平敦盛ゆかりの青葉の笛が展示されている。

石段を登り唐門をくぐると正面に本堂が立つ。本堂右手の護摩堂には、不動明王、摩利支天とともに役行者が奉安されている。本堂左手には大師堂、八角堂、三重塔などが並び、背後の山には奥の院もある。奥の院の参道には十三仏や七福神が祀られ、ミニ巡礼コースになっている。

境内にはさまざまな仕掛けのある「おもろいもん」や句碑・歌碑もそこかしこにある。本堂斜め向かいの納経所でパンフレットや「おもろいもん巡りMAP」をもらって境内散策を楽しもう。

宝物館展示の青葉の笛

大師餅本舗の名物大師餅

◉8コース：北摂の山寺2ヶ寺（電車＋バス＋徒歩）

JR高槻駅〈高槻市営バス〉神峰山口　→　㉚**神峯山寺**　→　㉛**本山寺**　→　神峰山口

このコースは自動車でも巡拝できる。2ヶ寺とも山中の寺だが、駐車場もあり、道もそれほど狭くはない。自動車で訪れるなら時間に余裕ができるので、9コースや10コースと組み合わせたり、7コースの兵庫の2ヶ寺と組み合わせて計画を立てるとよい。

本書でこのコースを徒歩のプランにしたのは、本山寺を参拝したあとにポンポン山に登ることを想定したためだ。ポンポン山登山に興味がないなら、自動車巡拝でも問題ない。

㉚**神峯山寺**へは、JR高槻駅の北口ロータリー市バス1番乗り場から高槻市営バス原大橋行きに乗り、神峰山口バス停で降りる。すぐそばの信号のある交差点から東に向かい、突き当たって少し右に進んだら、道標に従って左の細い登り道に入る。舗装路は竹林のあいだを通る山道に変わり、アスファルト道に出ると神峯山寺の広い駐車場がある。

道標に従い左の細道へ

道標に従って勧請掛の下をくぐり、ゆるやかなアスファルト道をしばらく登ると神峯山寺の赤い仁王門が見え、山門手前の左手には役行者ゆかりの笈掛石がある。仁王門からはゆるやかな登り道が続き、化城院（護摩堂）、御朱印受付を過ぎて短い石段を登ると本堂が立つ。本堂と釈迦堂のあいだから石段を登れば、役行者を祀る開山堂。本堂前から左手に進むと、観音堂や鐘楼堂が立つ。バス停から神峯山寺まででは徒歩20分程度。

㉛**本山寺**へは、神峯山寺から1時間ほど歩く。神峯山寺山門は標高約170m、本山寺は約500mなので、330mほどの登りとなる。車も通れる舗装路が寺近くまで続いているので、分岐の道標さえ見落とさなければ迷うことはない。

いこいの広場、桜葬を過ぎ、道が分岐するところで左の道へ進む。道標によれば、ここから本山寺まで2・2㎞、ポンポン山まで5・7㎞となっている。道沿いには丁石が立っており、十丁、九丁とその数字は減ってゆく。右手に本山寺駐車場が現れ、この先は徒歩のみとなる。本山寺までは残り900mほどだ。

開山役行者笈掛石

勧請掛の下をくぐり神峯山寺へ向かう

少々急な坂を登ると、やがて前方に勧請掛の縄が掛かる冠木門が見える。右の道はポンポン山への道、左の冠木門は本山寺へと至る。中門をくぐり石垣に沿って奥へと進むと、石段の上に本堂、左手には庫裏や護摩堂が立つ。本堂右手の石段上に立つのは開山堂。

本堂右手から山道に入ると、やがて勧請掛のところで分岐した道と出合い、天狗杉（夫婦杉）を経てポンポン山山頂に登れる。東海自然歩道にもなっているので道標も整備されており、迷うことはないだろう。標高約６７９ｍの山頂は展望もよく、お弁当を食べるにはよい場所だ。

山頂から神峰山寺口バス停に引き返してもよいが、別の道を歩きたいなら京都市側へ下ればよい。西国観音霊場の善峯寺まで下れば、JR向日町駅や阪急東向日駅に通じる阪急バスの便がある。ただし、冬期はさらに徒歩20分ほど下った小塩バス停からの発着となる。

善峯寺方面ではなく、平安京鎮護のための西の岩倉として知られる金蔵寺へ足を延ばすこともできるが、歩行距離は長くなり、最寄りのバス停も遠い。

ポンポン山山頂

本山寺参詣者専用駐車場

◉9コース：京都の修験道総本山2ヶ寺（電車＋バス＋徒歩）

京都市バス熊野神社前 → ㉜**聖護院門跡** → 東山駅〈京都市営地下鉄東西線〉醍醐駅 → ㉝**醍醐寺** → 京都市営地下鉄東西線醍醐駅

修験道には天台系の本山派と真言系の当山派という2大流派が存在し、聖護院門跡は本山派の総本山、醍醐寺は当山派の総本山だ。この2ヶ寺を公共交通機関を利用してめぐるコースだが、上醍醐に登らないのであれば時間に余裕ができるので、自動車巡拝にして他のコースやその一部と組み合わせてもよい。

㉜**聖護院門跡**へは、京都駅や阪急河原町駅から市バスに乗り熊野神社前で降りる。バス停は東山丸太町交差点の北になるが、銀閣寺方面行きのバスの乗った場合は、東山丸太町交差点の東側のバス停に降りることになるので、迷わないように注意しよう。電車で行くなら、京阪本線（鴨東線）の神宮丸太町駅から歩けば10分～15分、京都市営地下鉄東西線の東山駅から歩けば20分程度の距離となる。

東山丸太町交差点から1本北の通りを東に入ると、左手に古い京町

聖護院門跡へと向かう通り

家を店舗にした八ツ橋の老舗が見える。その隣には大正期の邸宅を食事処に開創した店舗が並び、向かいにはまた別の八ツ橋屋が店舗を構えている。一直線に続く通り沿いにはあまり高い建物がなく、東山の山並みの先まで見通せる。

バス停から5分も歩けば聖護院門跡の山門前に至る。自動車巡拝の場合は山門内の駐車スペースに止めることになるが、5台分くらいの広さしかないので、いっぱいのときは向かいのコインパーキングを利用しよう。

山門入って右手に本堂や宸殿が立つが、本堂への門が閉じられているときには正面の玄関から入り、寺務所2階の大仏間で参拝する。聖護院門跡は宸殿や書院の内部で貴重な文化財が見られるので、公開の時期に合わせて参拝したい。

㉝**醍醐寺**へは、聖護院門跡から徒歩20分程度の東山駅で京都市営地下鉄東西線に乗り、醍醐駅で降りる。醍醐駅には醍醐寺行きバスの案内も掲示されているので、バスを利用してもよい。ここでは徒歩で向かうことにする。地下の駅から地上に出たら醍醐寺への案内があり、

寺務所２階の大仏間

山門内の駐車スペース

2階に登るよう指示される。2階から東に向かう通路があり、要所にある道標に従って進めば10分余りで総門前に着く。

門をくぐると左手に三宝院エリア、その向かいの右手には宝物館エリアや雨月茶屋などの食事処がある。宝物館エリアにもフレンチカフェがあり、軽食やカフェメニューがいただける。仁王門より奥の伽藍エリアには金堂や御朱印受付にもなっている観音堂などが並び、弁天池の傍らには和食・和カフェの寿庵がある。

上醍醐に参拝する方は、寿庵の近くにある裏口から出て女人堂受付へ。上醍醐の入山料は600円で、下醍醐の拝観券を提示すると500円になる。約1時間の山登りとなり、かなりきつい坂もあるので覚悟して登ろう。午後5時までに女人堂受付までもどらなければならないので、午後2時までには登り始めるようにしたい。

参道沿いには丁石が立っており、それをはげみに一歩一歩登ろう。上醍醐は醍醐寺発祥の地であり、理源大師聖宝ゆかりの山岳霊場として見逃せない。

丁石にはげまされて山上へ

醍醐駅2階から東に向かう通路

◉10コース：伊吹山山頂へ（自動車）

名神高速関ヶ原ICなど　↓　㉞**伊吹山寺**　↓　名神高速関ヶ原ICなど

伊吹山は古くから薬草の宝庫として知られた山で、山頂周辺のお花畑では数々の高山植物の花を見ることができる。特に多くの花が咲く夏は、伊吹山を訪れるには絶好の季節。シモツケソウのピンクの花の群落は一見の価値がある。標高１３７７mの山頂は下界にくらべて涼しく、避暑地として楽しむこともできる。

山登りが好きな方なら、湖国バスの伊吹登山口バス停から歩いて登ってもよい。バス停周辺に有料駐車場もあるので、登山口まで車で行くこともできる。以前は伊吹山ゴンドラで３合目まで登れたが、現在は下から３時間半ほどかけて山頂に到達することになる。

本書では山頂駐車場まで車でアプローチすることとする。名神高速の関ヶ原ICで降りたら、国道３６５号を北西に向かう。すぐに新幹線の高架をくぐり、ＪＲ東海道本線の上を通って先に進み、伊吹山口交差点で右折。ここから伊吹山ドライブウェイを登る。

ドライブウェイから望む伊吹山

伊吹山ドライブウェイ（有料）は、４月第３土曜日～11月最終日曜日の営業で、冬期は閉鎖されている。営業期間が変動することもあるのでネットなどで確認しておこう。通常は８時～20時の営業で、10月以降は19時までとなり、夏期は３時～21時に延長される期間もある。

山頂直下のスカイテラス駐車場は約６００台分の広さ。スカイテラス伊吹山にはそばなどの軽食がいただけるフードコーナーやカフェコーナーがあり、通常10時～16時の営業で、夏期には営業時間の延長がある。スカイテラス伊吹山内にも伊吹山寺の御朱印紙が設置されている。

標高１２６０ｍのスカイテラス駐車場と山頂を結ぶ道は３本あるが、東登山道コースは下り専用となっているので、西登山道コースか、距離の短い中央登山道コースを登ることになる。道標などには、西登山道コース約40分、中央登山道コース約20分と表記されているが、歩くだけならそれほど時間はかからない。西登山道コースで高山植物を見ながらゆっくりと登ろう。

山頂には日本武尊の像が立っており、近くには軽食を売る店が数軒

西登山道コース登り口

山頂の日本武尊像

ある。伊吹山寺の覚心堂もこのあたりにあり、山小屋としての機能も果たしているのか、24時間入れるようになっている。参拝をすませたら、設置されている御朱印紙を授かり、指定の場所に御朱印代を納めよう。

周辺には弥勒菩薩の石像を祀る2つの石室（弥勒堂、南弥勒堂）、一等三角点、周囲の山名を記した石の円形テーブルなどがあり、眼下の眺望を楽しみながら歩いて回ろう。

余裕があれば、下山道の道標に従って8合目くらいまで下ってみよう。8合目には木のテーブルと椅子があり、円空が修行した行導岩が遠望できる。行導岩の上にはお堂が立っており、その向こうには琵琶湖の絶景が広がっている。8合目から山頂までもどらなければならないが、かなりの急坂で石に足をとられやすいので注意しよう。

伊吹山ドライブウェイが閉鎖される冬期は、山麓の発心堂で御朱印を授かることになる。発心堂は上野交差点の近くにあり、道の駅伊吹の里も近い。道の駅に隣接する伊吹野そばは、伊吹大根を使用したおろしそばなどが人気。

伊吹野そばのおろしそば

下界を見下ろしながら一休み

◉11コース：大峯登拝（自動車＋徒歩）

京奈和道御所南ICなど　↓　**㉟龍泉寺**　↓　**㊱大峯山寺**　↓　京奈和道御所南ICなど

役行者霊蹟札所巡拝もこのコースで結願となる。まずは、山上ヶ岳の登山口で龍泉寺がある天川村洞川《どろがわ》に向かう。自動車で行くなら、お住まいの場所によっては日帰りも可能だが、宿泊して余裕をもって参拝したい。

前日に龍泉寺の参拝を済ませ、天川村周辺を散策して洞川に宿泊し、翌日早朝から山上ヶ岳に登拝するというのもひとつのやり方だ。午前中に龍泉寺を参拝し、続けて山上ヶ岳を登拝して山頂の宿坊に泊まり、翌日下山するというのも一案。洞川で宿泊すれば温泉宿でくつろげるし、宿坊に泊まれば夜の山上ヶ岳の雰囲気が味わえる。お好みしだいというところ。

天川村洞川へ車で行くには、国道３０９号を南下する。近鉄吉野線下市口駅の南で吉野川を渡り、さらに南下を続けて新川合トンネルを抜けると、天川村の川合交差点に至る。ここで左の道をとり、すぐに国道を離れて左の県道21号に進み、虻トンネルを越えて山上川沿いを北上すれば洞川エリアに入る。洞川温泉バス停のところで右に折れて赤い橋を渡れば温泉旅館街へ、直進すれば㉟**龍泉寺**に至る。寺の築地塀沿いを行き、塀がなくなっても先に進むと、龍泉寺の駐車場がある。

龍泉寺の境内の龍王の滝あたりからは裏山の洞川自然研究路に登る道がある。自然研究路はかりがね橋（吊り橋）や面不動鍾乳洞に通じており、眼下に洞川温泉街を一望できる。面不動鍾乳洞からは山上ヶ岳の山頂まで見える。

㊱**大峯山寺**へは、山上川の対岸の温泉旅館街の通りに移って県道21号を東進する。しだいに建物がまばらになり、ごろごろ水の採水場の駐車場を過ぎると役行者の母を祀る母公堂があり、その先で道が分岐するが、右の道を進む。やがて広い駐車場と大橋茶屋があるので、ここに車を止め、いよいよ山上ヶ岳の登拝にとりかかる。多くの人が歩く道ではあるが、標高の高い山に登るので、登山地図や飲料、携行食などそれなりの準備はしておこう。

大峯大橋（清浄大橋）を渡って女人結界門をくぐり、杉林のなかを登る。一ノ世茶屋跡、一本松茶屋、お助け水とたどり、洞辻茶屋で吉野からの大峯奥駈道に合流する。陀羅尼助茶屋、松清小屋と進み、二手に分かれる左の行者道を登る。油こぼし、鐘掛岩などの行場が続き、

洞辻茶屋

龍泉寺の築地塀

右の平成新道と合流する。右の平成新道は階段の多い道で下山道として利用されるが、雨などで危険な場合はこちらを登ってもよい。

等覚門をくぐり西の覗を過ぎれば、宿坊下の分岐に至る。右は龍泉寺宿坊に通じており、左は竹林院、東南院、喜蔵院、櫻本坊の宿坊に通じている。どちらの道も先で合流し、妙覚門をくぐれば大峯山寺へとたどり着く。本堂向かい側を少し登れば笹原の「お花畑」が広がり、一等三角点のそばに蔵王権現出現の湧出岩がある。

下山はレンゲ辻を経て大峯大橋駐車場まで下ることもできるが、慣れていない方は迷う場合もあるそうなので、単独行の場合は来た道を下ったほうがよさそうだ。

5つの宿坊は気軽に宿泊でき、宿泊料は1泊2食で8000円（令和2年から9000円）、素泊まり5000円。昼食2000円、弁当600円も予約しておいたほうが無難。予約は各護持院まで。

山上ヶ岳は女人禁制のため、女性は稲村ヶ岳に登拝する人も多い。御朱印は洞川の龍泉寺や吉野の4つの護持院でも授かることができる。

大峯山寺本堂下には宿坊が並ぶ

等覚門

修験道の成り立ちと役行者——役行者霊蹟札所解説

龍谷ミュージアム副館長　石川知彦

修験道の開祖、役小角

手には錫杖《しゃくじょう》を持ち、鬚《ひげ》を長くのばし、長頭巾《ちょうときん》を被って岩座に腰掛ける老相《ろうそう》の役行者像。日本の肖像（祖師《そし》像）の一類型として馴染《なじ》み深い姿で、聖徳太子や弘法大師像とならんで数多く造られています。役行者像は近畿一円の寺院を中心に、全国各地の霊山で大切に祀られてきました。

山伏《やまぶし》の元祖とされる役行者は、修験道を実践する修験者《しゅげんじゃ》（山伏）たちの間で、「神変大菩《じんべんだいぼ》薩《さつ》」の尊称をもって今も篤く信仰されています。そもそも修験道とは、日本古来の山岳信仰をベースに、外来の仏教や道教の影響を受けて平安時代に体系化された宗教で、山中での修行を通して超自然の力（験力《げんりき》）を獲得し、その力で呪術的な活動を行うのが修験者です。修験道は現在、仏教や神道の一派として生き続けていますが、その開祖と仰がれるのが役行者です。

彼は七世紀後半に現在の奈良県を中心に活躍していた実在の人物で「役小角」（えんのおづぬ、またはおづの）の名前で史料に登場しています。

ただし、当時の史料に役行者について記された内容はわずかしかありません。『続日本紀《しょくにほんぎ》』の文武《もんむ》天皇三年（六九九）五月二十四日条に、次のように語られています。「役君《えだちのきみ》小角を伊豆の嶋に配流した。初め小角は葛城山に住む呪術者《じゅじゅつしゃ》として知られていたが、弟子の外従五位下《げじゅごいのげ》韓国連広足《からくにのむらじひろたり》はその呪力《じゅりょく》をねたみ、妖《あや》しい言葉で人々を惑わしていると讒言《ざんげん》したので、遠流《おんる》に処した。世間では、小角は鬼神《きしん》を使役するのが得意で、水を汲ませ薪《たきぎ》を採らせ、命令に従わない場合には呪縛《じゅばく》したという。」

これによれば小角は、七世紀後半に葛城山（現在の金剛山を主峰とする山系）を中心に活躍していた呪術者、山林修行者で、人望があったためか讒言により伊豆《いず》に配流されたのです。また人々が噂していた鬼神は、当時の律令国家の権力が及ばない山中を、生活の拠点としていた「山の民」と想像され、そのイメージが後に成立した役行者像の前鬼《ぜんき》（鉞《まさかり》を持つ）と後鬼《ごき》（水《すい》瓶《びょう》を持つ）の姿に反映していると思われます。

神道、仏教、道教の出合い——修験道の誕生

その後、役小角の伝記は、さまざまな形で増幅されていきます。遅くとも九世紀の前半には

成立したと思われる仏教説話集『日本霊異記《りょういき》』には、次のような話が載っています。
大和国葛木上郡茅原《ちはら》村の「役優婆塞《えんのうばそく》」は、葛城山の洞窟に籠もって修行を重ね、孔雀明王《くじゃくみょうおう》の呪法で不思議な威力を得て、鬼神を使役することができました。ある時「役優婆塞」は、鬼神たちに金峯山《きんぷせん》と葛城山の間に橋を架けて通行できるようにせよと命じました。一方、葛城の一言主《ひとことぬし》の神は、優婆塞が天皇を倒そうとしていると讒言しました。験力のためなかなか捕まらない優婆塞に対し、朝廷はその母を捕らえ、自首してきた優婆塞を伊豆の島に流しました。優婆塞は昼は天皇の命に従って島に留まりましたが、夜は富士の高嶺《たかね》に飛んで修行を積んだのです。三年後の大宝元年（七〇一）にようやく許されましたが、遂に仙人となって空に飛び去りました。その後道昭《どうしょう》法師が新羅《しらぎ》国で法華経を講じていたところ「役優婆塞」に出会ったというのです。

この説話では、小角の母が登場するとともに、密教の尊像である孔雀明王と、霊山たる富士山が、初めて役小角と結び付けられて語られています。

その後の平安時代の史料としては『本朝神仙伝《ほんちょうしんせんでん》』『今昔物語集《こんじゃくものがたりしゅう》』『扶桑略記《ふそうりゃっき》』『水鏡《みずかがみ》』などに役行者の略伝がみえますが、次第に役小角が伝説的存在になっていく様がうかがわれます。

この中で注目されるのが、『今昔物語集』に金峯山《きんぷせん》の「蔵王菩薩《ざおうぼさつ》」は「役優婆塞」が感得《かんとく》した尊像であると記されていること、また『扶桑略記』に伊豆へ配流中の役小角を勅使が斬罪《ざんざい》しようとしたところ、刀に富士明神の表文《ひょうもん》が現れ罪を許されたという記載でしょう。このような過程を経て、役小角は孔雀明王や蔵王権現、葛城神、そして富士明神といった神仏との密接な関係を獲得していくのです。その結果、後の修験道成立の主要な構成要素となる仏教（主に雑《ぞう》密《みっ》）・神道（自然崇拝、山岳信仰）・道教の三者が出揃うこととなり、単なる修行者、仙人から修験の開祖（尊称して役行者）へと祀りあげられていく下地が整ったことになります。裏を返せば役小角の確かな実像は、葛城山系や大峯山系を活躍の場としていた修行者、すなわち日本の原始的な宗教者の、リーダー的存在の一人であったということでしょう。

葛城山から金峯山へ、修験道の聖地

役小角は、舒明《じょめい》天皇六年（六三四）、現在の奈良県御所《ごせ》市茅原の吉祥草寺《きっしょうそうじ》付近で「賀茂《かも》の役《えだち》君《のきみ》」を父として生まれたといいます。幼少より非凡な才能を発揮し、仏道に帰依《きえ》していたと伝えています。

今、吉祥草寺の境内より西方を眺めると、標高一一一二メートルの金剛山（葛城山）が間近に迫り、これを主峰とする葛城山系が南北に横たわっています。大和朝廷の都のある飛鳥から、外洋への出入り口となる摂津に至るには、大和・河内国境に連なるこの山塊を越える必要があったのです。そもそも賀茂氏を含む古代氏族の多くは、葛城山系をはさんだ東西に本拠を置いており、役行者の出生地はまさしく賀茂氏の本拠地だったのです。そしてすでに『日本書紀』雄略天皇五年条では、「霊鳥《あやしきとり》」の出現する霊山として葛城山が登場しています。多感な少年小角が、葛城山に惹かれるのも無理からぬことであったと想像されましょう。

葛城山系については小角の出生地と間近であり、彼の活躍の場であったことは間違いありません。後の史料になりますが、小角は葛城の山頂で「法起菩薩《ほうきぼさつ》」という修験道独自の忿怒尊《ふんぬそん》を感得《かんとく》し、本尊として祀ったといいます。

それでは『続日本紀』に記述のない大峯山系はいかがでしょうか。すでに『日本霊異記』には、小角が葛城山と金峯山の間に橋を架けさせたことが記され、『今昔物語集』には金峯山に祀る蔵王権現は、彼の感得した像であると記しています。いずれも金峯山と小角の関わりを述べた伝承に過ぎませんが、彼が大峯山系に分け入った蓋然性は高いものと判断されます。というのも、吉野山を北端とする大峯山系は飛鳥のすぐ南にある山塊で、近畿の最高峰、八経ヶ岳《はっきょうがたけ》（標高一九一五メートル）を含んで、南北約五〇キロに及び、南は熊野に至っています。

吉野山は神聖な地として古くから史料に登場し、南大和の水源神（水分神）として信仰され、山麓には離宮が営まれました。大化元年（六四五）には古人大兄皇子《ふるひとのおおえのみこ》（吉野皇子）が吉野に入って仏道に励んだと『日本書紀』に記されるほか、壬申の乱に際して大海人皇子《おおあまのみこ》（天武天皇）がいったん吉野山に身を引いて体勢を立て直し、持統天皇がたびたび吉野の離宮に足を運んだことはよく知られています。

大峯山系は葛城山系とともに、多くの山林修行者たちが分け入った聖地であり、『日本霊異記』には聖武天皇の頃、吉野の「禅師広達《ぜんじこうたつ》」が木彫像を祀っていた話がみえます。そして金峯山上（山上ヶ岳、標高一七一九メートル）の本堂脇の高台には、現在でも蔵王権現が出現したという湧出岩《ゆじゅつ》が残り、金峯山は役行者ゆかりの根本道場として、後には修験道の中心として栄えていくのです。

吉野から熊野へ、奥駈修行の意味

平安時代に入ると山林仏教はますます盛んになり、最澄の比叡山、空海の高野山の例に漏れず、多数の山岳寺院（「山寺」）が築かれました。九世紀の初頭頃までには近畿に「七高山《しちこうざん》」（北から伊吹山《いぶきやま》、比良山、比叡山、愛宕山、摂津神峯山《かぶさん》、葛城山、金峯山）の制が定められ、吉野を含む金峯山は「吉野郡高山」「吉野郡深山」とも称されました。そして醍醐寺を開いた理源大師聖宝は金峯山の行場を整備し、山上に堂宇を建立して蔵王権現等を祀ったのです。

昌泰三年（九〇〇）宇多法皇が金峯山に御幸《みゆき》して以降、皇族・貴族（藤原道長ら）の金峯山詣で（御嶽詣《みたけもうで》）が盛んに行われ、金峯山への信仰（御嶽信仰）が高まりました。ちょうど金峯山上に貴族が到達していた頃、さらに深山に修行の地を求める行者たちが現れていました。十世紀前半には道賢（日蔵）が笙《しょう》の窟《いわや》に籠もっていますが、山上ヶ岳を南に分け入ると大普賢岳、弥山《みせん》、釈迦ヶ岳、笠捨山、玉置山と険しい山々が連なります。この頃、大峯山系を縦走する「奥駈《おくがけ》」と称する修行（奥通《おくどおり》）が行われ、「七十五靡《なびき》」という宿所が整えられていきますが、これを越えるともう一つの霊所、熊野の地があるのです。

熊野は早くから知られた霊地で、山中他界観に基づく「山の神」と、常世《とこよ》の国の入口とされる信仰（海上他界観）に基づく「海の神」の双方を祀り、前者は熊野本宮、後者は那智および新宮として発展していきます。本宮は阿弥陀仏の浄土、那智は観音の補陀落《ふだらく》浄土の入口とされ、速玉大社（新宮）とともに熊野三山を形成しました。

寛治四年（一〇九〇）白河上皇が初めての熊野御幸を行って以降、平安末期には皇族、貴族らの熊野詣《くまのもうで》が盛行しました。この頃熊野三山の縁起が整理され、「大峯縁起」の名のもと、熊野は金峯山（大峯）と有機的に関連づけられ、「葛城縁起」などとともに鎌倉初期には『諸山縁起』としてまとめられます。ここでは、大峯山系の北半分（山上を含む吉野側、金峯山）を、密教の世界観に基づいて金剛界《こんごうかい》、熊野に至る南側（大峯山）を同じく胎蔵界《たいぞうかい》とみなし、金峯山で修行した役小角が後に熊野に参詣したとしています。ここに至って役小角の活躍した地域が熊野にまで広げられたのです。

修験道、役行者とともに全国へ

南北朝期から室町時代に入ると、修験集団の教団化が推進されるとともに、修験道の教義・儀礼が確立してきます。この頃修験教団は、聖護院を中心とする天台系の本山派と、醍醐寺に依拠する真言系の当山派に分かれ、両派は互いに競合しつつ、吉野に止まらず全国に勢力を拡大していきました。その結果、元来個別に成立していた各地の霊山の地方修験も、両派の影響下に入ることになったのです。

小角の本格的な伝記としては最初の存在である『役行者本紀《ほんぎ》』(室町末期十六世紀の成立)では、小角は中央の大峯・葛城はもとより、全国各地の霊山で修行、開山となったと記されています。具体的には小角が前鬼・後鬼を従えたという生駒山をはじめ、小角が龍樹菩薩《りゅうじゅ》から受法した箕面《みのお》(滝安寺)、そして笠置山や七高山に数えられた神峯山に愛宕山、伊吹山といった近畿の霊山、東国では出羽三山、筑波山、二荒山《ふたらさん》(日光)、相模の大山《おおやま》・八菅《はすげ》、東海・北陸では富士・箱根・伊豆、白山に立山、西国では後山《うしろやま》、伯耆大山、四国の石鎚山、九州の英彦山・阿蘇・霧島といった諸山が小角ゆかりの霊山として挙げられています。こうして中央の修験両派は、室町期に各地の霊山の修験を役行者の名のもとで包摂していったのです。

その後も役行者の開創や来山を伝える寺院は広がりをみせ、本書に掲げられる三十六寺院以外にも枚挙に暇がありません。全国各地に「御嶽」や「金峯山」「大峯」「蔵王」を冠する霊山が修験の山として信仰を集め、それらの関係寺社では役行者や蔵王権現像が祀られたのです。それは、今日まで修験道が隆盛をきわめ、役行者がいかに篤く尊崇されてきたかを如実に物語っています。役行者千三百年遠忌という節目を越え、修験の聖地である吉野・大峯・熊野が世界遺産に登録された今、修験道の歴史に名を留める寺院を巡り、役行者の精神に触れるのは、誠に意義深いことと考えます。

本解説は、小澤弘氏との共著『図説役行者』（河出書房新社、二〇〇〇年八月）に掲載した拙文の一部を加筆・要約したものです。詳しくはそちらをご参照ください。

⑲興法寺	〒579-8012　大阪府東大阪市上石切町2-1533 ☎072-981-2004
⑳千手寺	〒579-8011　大阪府東大阪市東石切町3-3-16 ☎072-981-2241
㉑弘川寺	〒585-0022　大阪府南河内郡河南町弘川43 ☎0721-93-2814
㉒観心寺	〒586-0053　大阪府河内長野市寺元475 ☎0721-62-2134　HP：http://www.kanshinji.com/
㉓転法輪寺	〒584-0073　大阪府富田林市寺池台2-1-9（郵便物送り先） ☎0721-74-0873　HP：http://www.katsuragi-syugen.or.jp/
㉔松尾寺	〒594-1154　大阪府和泉市松尾寺町2168 ☎0725-54-0914
㉕七宝瀧寺	〒598-0023　大阪府泉佐野市大木８ ☎072-459-7101　HP：http://www.inunakisan.com/
㉖根來寺	〒649-6202　和歌山県岩出市根来2286 ☎0736-62-1144　HP：https://www.negoroji.org/
㉗法樂寺	〒546-0035　大阪市東住吉区山坂1-18-30 ☎06-6621-2103　HP：http://www.horakuji.com/
㉘清荒神清澄寺	〒665-0837　兵庫県宝塚市米谷字清シ１番地 ☎0797-86-6641　HP：http://www.kiyoshikojin.or.jp/
㉙須磨寺	〒654-0071　神戸市須磨区須磨寺町4-6-8 ☎078-731-0416　HP：http://www.sumadera.or.jp/
㉚神峯山寺	〒569-1051　大阪府高槻市原3301-1 ☎072-688-0788　HP：http://www.kabusan.or.jp/
㉛本山寺	〒569-1051　大阪府高槻市原3298 ☎072-687-9921
㉜聖護院門跡	〒606-8324　京都市左京区聖護院中町15 ☎075-771-1880　HP：http://www.shogoin.or.jp/
㉝醍醐寺	〒601-1325　京都市伏見区醍醐東大路町22 ☎075-571-0002　HP：https://www.daigoji.or.jp/
㉞伊吹山寺	〒521-2312　滋賀県米原市上野字地蔵（山麓・発心堂） ☎0749-58-0368　HP：http://www.biwa.ne.jp/~mt-ibuki/
㉟龍泉寺	〒638-0431　奈良県吉野郡天川村洞川494 ☎0747-64-0001　HP：http://www.oominesan-ryusenji.jp/
㊱大峯山寺	〒638-0431　奈良県吉野郡天川村洞川大峯山山上ヶ岳頂上 ☎なし

役行者霊蹟札所一覧

①金峯山寺	〒639-3115　奈良県吉野郡吉野町吉野山2498 ☎0746-32-8371　HP：http://www.kinpusen.or.jp/	
②東南院	〒639-3115　奈良県吉野郡吉野町吉野山2416 ☎0746-32-3005	
③大日寺	〒639-3115　奈良県吉野郡吉野町吉野山2357 ☎0746-32-4354	
④喜蔵院	〒639-3115　奈良県吉野郡吉野町吉野山1254 ☎0746-32-3014	
⑤善福寺	〒639-3115　奈良県吉野郡吉野町吉野山2291 ☎0746-32-3747	
⑥櫻本坊	〒639-3115　奈良県吉野郡吉野町吉野山1269 ☎0746-32-5011　HP：https://sakuramotobou.or.jp/	
⑦竹林院	〒639-3115　奈良県吉野郡吉野町吉野山2142 ☎0746-32-8081　HP：http://www.chikurin.co.jp/	
⑧如意輪寺	〒639-3115　奈良県吉野郡吉野町吉野山1024 ☎0746-32-3008　HP：http://www.nyoirinji.com/	
⑨吉祥草寺	〒639-2241　奈良県御所市茅原279 ☎0745-62-3472　HP：http://www.en-chan.com/	
⑩菅生寺	〒639-3103　奈良県吉野郡吉野町平尾150 ☎0746-32-4009	
⑪大野寺	〒633-0315　奈良県宇陀市室生大野1680 ☎0745-92-2220	
⑫室生寺	〒633-0421　奈良県宇陀市室生78 ☎0745-93-2003　HP：http://www.murouji.or.jp/	
⑬霊山寺	〒631-0052　奈良市中町3879 ☎0742-45-0081　HP：http://www.ryosenji.jp/	
⑭松尾寺	〒639-1057　奈良県大和郡山市山田町683 ☎0743-53-5023　HP：http://www.matsuodera.com/	
⑮朝護孫子寺	〒636-0923　奈良県生駒郡平群町信貴山2280-1 ☎0745-72-2277　HP：http://www.sigisan.or.jp/	
⑯千光寺	〒636-0945　奈良県生駒郡平群町鳴川188 ☎0745-45-0652　HP：http://motosanjyo-senkouji.com/	
⑰寶山寺	〒630-0266　奈良県生駒市門前町1-1 ☎0743-73-2006　HP：http://www.hozanji.com/	
⑱天龍院	〒579-8022　大阪府東大阪市山手町2054 ☎072-981-5500	

＊団体でお参りの場合は、各寺院へあらかじめ、ご連絡くださいますようお願い申し上げます。

役行者霊蹟札所会 編

役行者霊蹟札所会事務局：金峯山寺内
ホームページ　http://ubasoku.jp

編集協力＝春野草結
写真＝春野草結　　地図＝田村尚子　　装丁＝初瀬野一

※本書の掲載情報は取材時のものです。交通や施設・店舗などの情報は変更されている場合がありますので、事前にご確認ください。

役行者霊蹟札所めぐり

2019年10月10日　第1版第1刷

編　者　役行者霊蹟札所会
発行者　嶝　牧夫
発行所　株式会社朱鷺書房
奈良県大和高田市片塩町8-10（〒635-0085）
電話 0745-49-0510　Fax 0745-49-0511
振替 00980-1-3699
印刷所　モリモト印刷株式会社

定価はカバーに表示してあります。落丁・乱丁本はお取替えいたします。

ISBN978-4-88602-355-1　C0015　©2019
ホームページ http://www.tokishobo.co.jp

■好評の巡拝案内シリーズ■

西国三十三所観音巡礼
西国札所会　1000円

秩父三十四所観音巡礼
秩父札所連合会　1000円

最新　四国八十八ヵ所遍路
川崎一洋　1600円

釈迦三十二禅刹巡拝
釈迦三十二禅刹　1000円

京阪沿線ぶらり古社寺めぐり
三田征彦　1000円

武蔵野三十三所観音巡礼
武蔵野観音霊場会　1000円

新西国霊場法話巡礼
新西国霊場会　1000円

改訂新版　近畿三十六不動尊巡礼
近畿三十六不動尊霊場会　1300円

新版　西国愛染十七霊場巡礼
西国愛染霊場会　1000円

改訂版　親鸞聖人二十四輩巡拝
新妻久郎　1200円

小豆島八十八ヶ所霊場
小豆島霊場会　1500円

改訂新版　坂東三十三所観音巡礼
坂東札所霊場会　1500円

◀ガイドシリーズ

伊予大島八十八ヵ所ガイド
春野草結　1200円

小豆島八十八ヵ所ガイド
横山拓也　1400円

四国別格二十霊場ガイド
春野草結　1400円

京都洛西三十三ヵ所ガイド
春野草結　1400円

東国花の寺百ヶ寺ガイド
東国花の寺百ヶ寺事務局　1500円

九州八十八ヶ所百八霊場ガイド
春野草結　1400円

東北三十六不動尊霊場ガイド
東北三十六不動尊霊場会　1500円

改訂新版　神戸十三仏めぐり
神戸十三仏霊場会　1200円

神戸七福神めぐり
神戸七福神会　1000円

摂津国八十八ヶ所めぐり
摂津国八十八ヶ所霊場会　1500円

※表示価格は本体価格（消費税抜）

役行者ゆかりの霊山

① 早池峰山
② 太平山
③ 鳥海山
④ 出羽三山
⑤ 蔵王山（宮城・山形）
⑥ 蔵王山（新潟）
⑦ 八溝山
⑧ 日光山
⑨ 赤城山
⑩ 筑波山
⑪ 飯縄山
⑫ 榛名山
⑬ 三峰山
⑭ 武蔵御嶽
⑮ 高尾山
⑯ 大山
⑰ 箱根山
⑱ 伊豆山
⑲ 金峰山（山梨）
⑳ 富士山
㉑ 立山
㉒ 白山
㉓ 木曽御嶽
㉔ 伊吹山
㉕ 大悲山
㉖ 三岳山
㉗ 愛宕山
㉘ 神峯山
㉙ 箕面山
㉚ 飯道山
㉛ 笠取山
㉜ 笠置山
㉝ 生駒山
㉞ 葛城山
㉟ 吉野山
㊱ 大峯山（金峯山）
㊲ 熊野三山
㊳ 後山
㊴ 三徳山
㊵ 伯耆大山
㊶ 金峰山（山口）
㊷ 石鎚山
㊸ 横倉山
㊹ 英彦山
㊺ 求菩提山
㊻ 宝満山
㊼ 阿蘇山
㊽ 霧島